# MILLENNIALS

## RUBÉN DUQUE

www.millennials.guiaburros.es

**EDITATUM**

Diseño de cubierta: ©Andrea Fernández Rodríguez (EDITATUM)

Maquetación de interior: © EDITATUM

Primera edición: septiembre de 2020

Cuarta edición: enero de 2023

ISBN: 978-84-18429-04-0

Depósito legal: M-24753-2020

IMPRESO EN ESPAÑA/ PRINTED IN SPAIN

Te invitamos a registrar la compra de tu libro o *e-book* dándote de alta en el **Club GuíaBurros,** obtendrás directamente un cupón de **2 € de descuento** para tu próxima compra.

Además, si después de leer este libro lo has considerado útil e interesante, te agradeceríamos que hicieras sobre él una **reseña honesta en cualquier plataforma de opinión** y nos enviaras un *e-mail* a **opiniones@guiaburros.es** para poder, desde la editorial, enviarte **como regalo otro libro de nuestra colección.**

# Agradecimientos

*Estoy profundamente agradecido de que este libro esté entre tus manos. Deseo desde lo más profundo de mi corazón que en él encuentres la inspiración necesaria y las claves para hacer de tu vida tu gran obra maestra.*

*A mis padres por darme la vida y cultivarla desde el amor más incondicional y puro que existe. Siempre en mi corazón.*

*A mi mujer Génesis, por su genuina manera de entregarse siempre desde la extrema generosidad. Por su valentía y cada lección diaria que me inspira a ser una mejor persona. Por hacerme sentir amado de mil maneras.*

*A mi hermano Borja, ángel de la guarda, fueguito grande… fueguito loco. Gracias por prender en mí el valor necesario para cazar mis sueños y empujarme, para hoy poder vivir desde mi propósito de vida día tras día.*

*A mi hermana Gema, ser de luz desde que naciste. Mi alma gemela. Alma imparable.*

*A mis lectores "cero", por aportarme sus opiniones de este libro desde un tremendo cariño y ayudarme a hacer de él su mejor versión posible. Heri, Santi, Gema, Borja, Berti, Miguel, Cuca, Patri, María, Rebe y Génesis.*

*Gracias.*

# Sobre el autor

 **Rubén Duque** durante más de 10 años se ha dedicado, de manera paralela a su rol de Seleccionador Nacional de Rugby y Director de Alto Rendimiento en México y en España, a ayudar a personas y organizaciones a potenciar su liderazgo, incrementar su motivación mediante el descubrimiento de su propósito y a optimizar su productividad como equipos de Alto Rendimiento.

A través de sus servicios de Coaching Ejecutivo, *Team Coaching, Workshops* y su importante labor como Conferencista Internacional, ha colaborado con más de 21 000 personas de más de 25 nacionalidades diferentes.

Entre sus clientes se encuentran Atletas Olímpicos, Mundialistas, CEOs, Directivos, Presidentes y empresas multinacionales de diferentes países de Europa y América entre las que destacan varias del exclusivo grupo del Fortune 500 como Microsoft, Google, AIG, AXA, Banco Nacional de Paris, u Honda, entre otras.

www.rubenduque.com/ebook

**LinkedIn:** Rubén Duque

**IG:** rubenduque_goforit

**FB:** Rubén Duque – Go For It

# Índice

# Prólogo

La primera vez que entendí el significado de la palabra "propósito", comprendí que aquella bonita palabra necesitaba de un primer paso: el autoconocimiento y la toma de consciencia. ¿Cuál era mi propósito en la vida?

Aquel motor pasional, incondicional y en la mayoría de los casos eterno, que moviliza nuestras acciones del día a día, año a año, de nuestras vidas. Fue entonces cuando Rubén me iluminó por primera vez, derrochando energía positiva, cariñosa y fiel, con una buena decena de preguntas que nunca antes me había parado a pensar.

Sin duda, Rubén ha sido y es una de las personas que mayor impacto ha tenido en mi carrera deportiva, pero también en mi "carrera" personal hacia el crecimiento constante, así como la motivación por convertirme en una mejor jugadora y en una mejor persona.

Aquellas preguntas se materializaron en un dibujo que recogía mis mayores sueños. Algunos me hacían vibrar y otros me daban miedo, al identificar la posibilidad de no cumplirlos nunca, e incluso en el caso de algún otro apenas creía de su posibilidad real.

Hoy me alegro de leer estas páginas, de saborear estas lecciones, de conocer su historia, de saber que él es el primer ejemplo de esos aprendizajes que quiere compartir con el mundo. Y es que a su paso provoca el cambio, contagia ilusión, nos ilumina por dentro y desencadena la acción.

Este libro es un cóctel explosivo, capaz de invitarte a reflexionar y tomar consciencia de qué narices estamos haciendo con las horas de vida que nos quedan, con qué actitud queremos afrontar las próximas 80 000 horas de trabajo que tenemos por delante; en definitiva, si tenemos la suficiente valentía para coger el timón y tomar el control de este barco que es la vida.

Puedes leerlo, acabarlo, cerrarlo y guardarlo en la estantería, pero nunca olvidarás aquella pregunta que te tocó el alma, que despertó la mariposa de tu estómago y te aceleró el corazón. Jamás olvidarás que tienes en tu mano la oportunidad de decidir y el atrevimiento de vivir.

Seis años después de conocer a Rubén cumplí el último sueño de aquel dibujo, miles de horas de entrenamiento y preparación, perseverancia y determinación, me acompañaron hasta aquel saque inicial donde puse en juego el primer balón de rugby a siete en la historia de los Juegos Olímpicos (Río de Janeiro, 2016) y disputar con las "leonas" —como se nos reconoce a la selección española de rugby— nuestra mayor aspiración deportiva; cerrando así un ciclo que, volviendo la vista atrás, definiría como increíble.

Ese ciclo que iniciamos aquel día, divagando sobre el propósito de nuestras vidas.

Patricia García Rodríguez
*Jugadora de la selección española de rugby*
*Deportista olímpica - Río de Janeiro 2016*
*Fundadora PGR ONG*
*Jurado de los Premios Princesa de Asturias*
*www.patriciagarciarodriguez.com*

# Introducción

## Más allá de tu cheque mensual, de tu salario, ¿qué te deja tu trabajo?

Con esta pregunta comencé mi charla TEDx, tratando de generar consciencia entre la gente joven e incitar a la acción, a replantearse su trabajo o el sentido que se le da a este.

Se calcula que a las personas de entre 25 y algo de menos de 40 años les restan entre 55 000 y 80 000 horas de trabajo antes de jubilarse, como poco. Esto representa, al menos, un tercio de tu vida en tu etapa laboral. ¡Un tercio!

Ese dato no sería tan desolador si esa cantidad de horas fuera realmente entusiasmante, pero se sabe que aproximadamente un 80 % de las personas no disfrutan su trabajo, y un 70 % de los trabajadores manifiesta no estar comprometido con sus labores. Es decir, la gente prácticamente se dedica a subsistir en su puesto de trabajo. Lamentable.

Quizás conozcas a alguien en esa situación ☺.

¿Cómo imaginas atravesar una vida laboral de 80 000 horas, aburrido y sin compromiso minuto tras minuto?

# No es justo

Para el año 2030 se estima que el 70 % de la fuerza de trabajo mundial estará formada por gente de tu generación. Los *millennials*.

Aún así, las empresas, salvo excepciones muy contadas como los casos de Google, Facebook y algunas otras, no terminan de extraer todo lo bueno que tenéis y no son conscientes de que sois la generación que liderará familias, sus equipos de trabajo, empresas, países... En definitiva, quienes gobernaréis el mundo en un futuro no muy lejano.

Muy pocas compañías están tomando acciones para generar entornos donde sus empleados quieran trabajar poniendo todo su talento al servicio de la misma, mientras que disfrutan día tras día de lo que hacen.

No es justo que bajo esta situación a los *millennials* se os tache de perezosos, narcisistas, o de no ser capaces de mantener un trabajo.

No es justo que se os haya etiquetado de esta manera por pensar diferente, por pretender exprimir la vida, viajar o querer vivir experiencias.

No sois culpables de estar liderados por gente de la generación X e incluso *baby boomers* que no terminan de entender vuestros valores y la forma que tenéis de vivir la vida.

Y ni mucho menos es justo que todo esto haya ocasionado un incremento exponencial de casos de depresión entre hombres y mujeres de tu generación.

Y no es justo, porque sois una generación que va en camino de ser la más capacitada de la historia, dispuestos a entregar toda vuestra energía y vuestro mayor esfuerzo si encontráis un sentido y un propósito a lo que hacéis.

No sois culpables de todo esto, es cierto. Pero sí sois responsables de haceros cargo de cómo vivir esas 80 000 horas de trabajo que tenéis por delante. Porque esas 80 000 horas las vas a vivir tú, no la empresa.

Abandona el victimismo y las excusas. Es el momento de aferrarte a tu vida y adueñarte de ella, de liderarla. Es hora de morder y exprimir la vida de nuevo.

No puedes tirar a la basura las mejores horas de los mejores años de tu vida.

Tienes en tus manos la posibilidad de hacer de tu trabajo una obra maestra, una experiencia digna de ser vivida y compartida con el mundo mientras la construyes y la disfrutas. No te prometo que sea un camino fácil, pero será un recorrido memorable.

Déjame que te acompañe.

# Y... ¿quién es Rubén para acompañarte?

Nací a escasos dos meses de ser catalogado como *millennial*. De hecho, si te soy sincero, me siento con más corazón de *millennial* que de cualquier otra generación. He pasado por momentos en mi vida completamente perdido, sin rumbo, sin sentido ni dirección, viviendo muchas noches de angustia y haciendo las cosas desde la mediocridad, sin darme el permiso de brillar ni hacer lo que me apasionaba.

También encontré después mi norte, mi propósito, y he conseguido llenar de vida cada uno de mis días. Obviamente no todo es de color de rosa, y sigo formándome cada día para conocerme más y llegar a ser mejor como ser humano y como profesional. Nuestro crecimiento profesional suele ser una consecuencia de nuestro crecimiento personal.

En los últimos diecinueve años he tenido el privilegio de poder acompañar como entrenador y como *coach* principalmente a personas de tu generación y a equipos de alto rendimiento. Gente desde los cinco años de edad hasta adultos, pasando por todas y cada una de las categorías entre medias. Desde el nivel de club hasta el de selecciones nacionales. A equipos tanto de hombres como de mujeres en seis países y tres continentes diferentes. A personas que tenían hambre de crecer y vivir una vida con propósito, pasando por soñadores que se convirtieron en atletas olímpicos, entrenadores que han ganado la primera división de la liga francesa profesional de rugby, hasta directivos de empresas multinacionales.

Me siento muy honrado por todas las lecciones y aprendizajes que he vivido a través de esta gran generación y de lo que me ha devuelto hasta el momento la vida.

He comprimido casi dos décadas de aprendizajes en estas páginas, con la esperanza de que sean de valor y utilidad para ti.

## Trabajo con propósito *vs* propósito en el trabajo

Una cosa está clara: algo tendrás que hacer en esta vida para generar dinero y llevar el estilo de vida que desees; llámalo trabajar o llámalo como quieras.

Más vale entonces que hagas algo al respecto y uses esas 80 000 horas de alguna forma como para que haya merecido la pena pasar por cada una de ellas. Llénalas de momentos de felicidad y entusiasmo, de contribución.

¿Por qué? Mira, hacer las cosas con felicidad en el trabajo tiene muchos beneficios. Algunos de ellos son:

- Aumenta tu compromiso hacia las tareas.
- Disminuye el estrés, y además mejoras en términos generales tu salud.

- Aumentas la capacidad de ampliar la perspectiva de las cosas.

- Aportas más soluciones y más creativas.

- Se generan mejores interacciones sociales.

- La confianza aumenta en el entorno laboral.

- Menos errores y accidentes laborales.

- Líderes más efectivos.

- Aumentas tu rendimiento.

- Te sientes bien… y como consecuencia de todo esto, es más fácil que alcances tu éxito.

La felicidad no es algo a lo cual se llega únicamente por la vía de la acumulación de buenos momentos. La existencia de felicidad se debe también a la variedad de emociones por las que transitamos casi a diario, incluyendo la tristeza, el estrés o el enfado.

¿Cuándo se viven normalmente momentos de felicidad en el trabajo? Cuando tienes una sensación general de bienestar y disfrute, donde eres plenamente consciente de que tu trabajo tiene sentido para ti, y que gracias a que pones tus talentos al servicio del mundo, impactas en tu empresa y a las personas en general.

El secreto reside, por tanto, en hacer las cosas desde la felicidad en el día a día. La felicidad conduce, casi inevitablemente, al éxito y no al contrario.

Si el camino consiste en permanecer el mayor tiempo posible actuando desde la felicidad, deberás encontrar la manera para vivir en ese estado la mayor cantidad de tiempo posible, y más en el entorno laboral, donde invertirás parte del tiempo más preciado de tu vida.

Y es precisamente en el entorno laboral donde debemos hacer una distinción importante entre:

- Tener un trabajo con propósito
- Y tener propósito en el trabajo.

Parece un juego de palabras, pero no lo es.

*Tener un trabajo con propósito* es aquello a lo que te encantaría dedicarte toda tu vida aunque no te pagaran por ello, y que incluso serías muy feliz si en lugar de que fueran 80 000 horas de trabajo, fueran 120 000 horas las que pasases realizando esa actividad a lo largo de tu vida. Aunque es hacia donde deberíamos de movernos todos, parece ser que solo el 20 % de las personas lo consigue.

Algo diferente a tener un trabajo con propósito es *darle propósito a tu trabajo*. Y esto quiere decir que aunque tu trabajo y sus tareas como tal no te aporten ese sentido de propósito, sí que lo pueden hacer otros aspectos del trabajo, como pueden ser la sensación de progreso, las amistades en el trabajo, la aportación al mundo, etc.

La buena noticia es que, independientemente de cuál sea tu trabajo, ya sea lavando platos o dirigiendo una gran compañía, tienes la oportunidad —y yo diría, hasta el deber—, de hacer de esas 80 000 horas de trabajo una experiencia que merezca la pena vivir.

Te quiero invitar a que comiences a observar tu trabajo desde otra óptica y que lo **rediseñes**. Pero para ello, ¡tendrás que echarle un PAR!

Y es precisamente este método PAR el que te voy a descubrir a lo largo de las siguientes páginas. Un método que, si lo sigues, te permitirá elevar exponencialmente los niveles de felicidad y plenitud de tu experiencia laboral, y también de tu vida en general.

El método PAR lo tienes desarrollado de la siguiente manera en este libro:

P: Rediseñar tus pensamientos. Parte 1: capítulos 1 y 2 que, por su relevancia, ocupan gran parte de este libro.

A: Rediseñar tus acciones. Parte 2: capítulos 3 y 4.

R: Rediseñar tus relaciones. Parte 3: capítulos 5 y 6.

Anexo: capítulo 7. Donde espero encuentres razones para pasar a la acción inmediatamente.

¿Te atreves a vivir una vida desde el propósito, usando todos tus talentos e impactando positivamente en el mundo?

Te deseo una agradable e inspiradora lectura, compañer@. Pero sobre todo, deseo de corazón que encuentres en ella las claves para hacer de tu vida profesional y personal una aventura extraordinaria.

Bienvenid@.

# PARTE 1
# REDISEÑA TU PENSAMIENTO

# Capítulo 1

## Tu oficina externa no importa.
## Tu oficina interna, sí

*Las mayores batallas de la vida se libran a diario en los aposentos silenciosos de nuestra propia alma.*

David O. McKay

Con el paso de los años y el cúmulo de experiencias, me he dado cuenta que el mayor y mejor trabajo que podemos hacer en nuestra vida se encuentra dentro de nosotros mismos. Que nos debemos a la ardua e infinita labor de construir un hogar interior donde deseemos pasar el resto de nuestras vidas.

¿Cuál es tu **sueño titánico**? ¿Qué es aquello que deseas llegar a ser con todo tu corazón y poder vivir día tras día? No algo que te guste, no algo que te llame la atención, sino algo que te dé incluso vértigo imaginar. Eso es un **sueño titánico**.

Te quiero compartir mi historia, que en cierto modo encierra las claves que desarrollo en este libro, para invitarte a que descubras en él cómo puedes responsabilizarte de hacer de tu experiencia laboral una obra de arte a través de la cual disfrutar al máximo de tu vida.

Tuve la fortuna de descubrir mi pasión desde muy joven. A los diez años comencé a jugar al rugby, como resultado de que Miguel, mi mejor amigo, me invitó a ir una tarde al Liceo Francés de Madrid y probar este desconocido deporte para mí. Me enganchó de por vida.

A los veinte años me lesioné. Yo por aquel entonces cursaba la carrera de Economía. Era lo que estaba de moda: estudiar una carrera, y si es posible que tuviera muchas salidas para entonces tener un futuro asegurado, como si ese fuera el procedimiento natural y más sofisticado para tomar una decisión que impacta en 80 000 horas de nuestras vidas.

No miré adentro; miré afuera. Ahí estuvo mi primer error.

Mientras paseaba entre aulas, bibliotecas y alguna que otra fiesta, por las universidades de la Ciudad Universitaria de Madrid, notaba cómo a la vez me sentía vacío por dentro. De alguna manera sabía que me estaba engañando a mí mismo y a mi familia, que tanto me ha apoyado siempre y que se ha dejado la vida por mí y por mis hermanos.

Vivía en la contradicción, lo que a su vez me llevaba a un sentimiento de angustia. Muchas noches las pasé despierto dando vueltas en la cama, preocupado y sabiendo que algo no iba bien, pero sin tener el valor de observar qué era y menos aún de pasar a la acción y ponerle remedio. Vivía desde la complacencia y la mediocridad, desde la cobardía. Vivía sin poner al servicio del mundo todos mis talentos. Sin brillar. Y creo que así vive mucha gente joven hoy en día: apagada.

En ese intervalo que atravesaba sin jugar al rugby por mi lesión, se cruzó por mi camino la posibilidad de reengancharme a este deporte como entrenador, gracias a una llamada repentina de mi hermano Borja, quien vivía en Dublín por aquel entonces. Había estado investigando y vio que la Federación Española de Rugby impartía anualmente cursos de entrenador. Me dijo que quería ayudarme pagándome el nivel 1 de entrenador.

Mi hermano y yo compartíamos habitación en el piso donde vivíamos con mis padres y mi hermana en el distrito de Hortaleza en Madrid. Él vio cómo mis libros de matemáticas se llenaban de garabatos mal hechos que trataban de representar jugadas de rugby. Me pasaba horas y horas jugando al ordenador a un juego de rugby en VGA a 16 colores y en dos dimensiones, lo que vendría a ser algo así como el *tatatatarabuelo* del móvil que usas hoy en día. Lo curioso es que yo no jugaba, ponía en modo automático el juego y observaba lo que hacían los jugadores. Tomaba notas de quién me gustaba y quién no. Y al final, yo hacía mi propia selección española en base a mis notas.

Fui diez días a Valencia a cursar el nivel 1, y regresé queriendo dedicar el resto de mi vida a ser entrenador profesional de rugby, algo que era más o menos una utopía en España en aquel momento, allá por el año 2001.Tras un año entrenando a niños en mi club de siempre, el Liceo Francés de Madrid, me ofrecieron colaborar como entrenador de los más jóvenes del club, niños de entre 5 y 9 años. ¡Era la primera vez que me iban a pagar por algo que adoraba hacer!

Poco a poco fui llenando mis días de rugby; entrenaba a un equipo por aquí, otro por allá, a la selección de Madrid de menores de 15 años… Hasta que un día me llamaron para entrenar a la selección española de rugby de menores de 17 años. ¡Aquel juego en VGA del ordenador se estaba haciendo realidad!

Con un total de hasta nueve equipos entrenando cada año, mi vida estaba inmersa en rugby, pero no conseguía avanzar en mi carrera de Economía. Cada vez me imaginaba menos trabajando en un banco, detrás de una ventanilla y viviendo cada día desde una intensidad emocional baja y sin disfrutar nada de lo que hacía. ¿Te ha pasado esto alguna vez?

Sin embargo, era como vivir un espejismo. ¿Cuánto tiempo más iba a durar entrenando hasta nueve equipos por año? Tenía cerca de veinticinco otoños; si no acababa mi carrera de economía, ¿qué aspiraciones iba a tener en la vida? La dulzura de una vida rebosante de pasión se veía amargada rápidamente ante mi fuerte creencia de que si no seguía los pasos que la sociedad marcaba, no iba a tener un futuro digno.

Por un lado sentía que debía cambiar, que no podía seguir estudiando una carrera que no me atraía lo más mínimo, pero por otro lado no quería defraudar a mi familia ni a las personas que me querían y que confiaban en mí. Mi amargura cada noche era infernal. Vivía de una manera absolutamente incongruente. Estaba tocando fondo a nivel emocional.

De repente, sonó mi teléfono. Era otra de esas llamadas que iban a cambiar mi vida, o más bien redirigirla. Era mi hermano Borja de nuevo, esta vez desde Montpellier, donde vivía y trabajaba tras su paso por Dublín. A veces me pregunto si tengo instalado una especie de GPS emocional y mi hermano está informado de manera constante de cuándo necesito su ayuda.

Bueno, pues atento a la llamada. Fue algo así:

— ¿Qué tal, Chipi? ("Chipi" es el modo afectuoso que tiene mi hermano de dirigirse a mí).

— Bien, aquí. (Ese "bien" que he llegado a odiar por ser una enorme mentira tratando de disfrazar un grito rotundo de desesperación. Ese "bien" por no preocupar a nadie. Un "bien" que dolía en el alma).

— Escucha, acabo de pagarte dos meses de clases de inglés en Auckland, Nueva Zelanda. Y dos meses de alojamiento en una casa compartida allí, para que puedas ir al lugar donde el rugby es una religión, y así aprender de los mejores del mundo.

Recuerdo esto y aún se me humedecen los ojos y me lleno de entusiasmo. Fue el fin de un túnel lleno de miedos, incongruencias, mediocridad y tristeza. El inicio de una luz que alumbraba a la esperanza. Fue el empujón y salto al vacío que necesitaba experimentar y que no me atrevía a sentir.

Trabajé extra para pagarme el billete a Nueva Zelanda, y de repente allí estaba, dentro de un inmenso avión, con una mochila, una maleta, sin saber hablar inglés, sin amigos y con dinero ahorrado tan solo para pasar algo más de un mes allí, en la hermosa ciudad de Auckland. Las antípodas españolas. Exactamente el lugar más alejado del planeta Tierra con respecto a mi hogar. Sentía vértigo.

Con el paso del tiempo descubrí que el vértigo, ese miedo especial que sentía, era una buena señal. Cada vez que lo he experimentado ha sido un indicador de que iba por la dirección correcta.

## Siente el vértigo y desafíalo
## Allí donde estás más incómodo es
## donde existe la posibilidad de crecer

Todo iba bien hasta que a los dos meses se acabaron las clases de inglés, y la posibilidad de rentar aquel cuarto en una casa compartida con otras cinco personas. Obviamente ya no me quedaba nada del dinero que había conseguido ahorrar, previo a mi viaje.

Fue uno de los momentos más críticos de mi aventura en Nueva Zelanda. O regresaba a Madrid, sin haber conseguido el propósito de aquel viaje, o me quedaba allí, huyendo hacia delante.

Opté por permanecer en ese salto al vacío. Caída libre. Adrenalina. Libertad.

Había viajado allí con visado de turista, por lo que no podía estudiar ni tampoco trabajar. Así que la única forma que encontré para quedarme en Nueva Zelanda fue trabajando como ilegal en la cocina de un restaurante lavando platos, vasos, ollas, y fregando suelos durante doce horas al día, cinco días a la semana. Desde las 6 am hasta las 6 pm. Esto me permitía pagar el alquiler de mi habitación, mi móvil y alimentos básicos.

Odiaba aquel trabajo. Odiaba cada minuto, cada plato. Creo que durante meses fui el tipo más amargado de Auckland. Estaba al otro lado del mundo sin nada ni apenas nadie, y era un lavador ilegal de platos. A mis veintiséis años. ¿Qué futuro me esperaba?

Estaba siempre de mal humor, haciendo las cosas a desgana y mal, viviendo desde la mayor mediocridad de mi vida en cuanto a mi forma de ser y de entregarme al mundo.

Hubo un día que marcó un punto de inflexión en mi vida en Nueva Zelanda. Fue mi punto de quiebre. Yo era el encargado de sacar las bolsas de basura a la calle dos veces al día. Era la hora de la comida; hice el nudo a la bolsa y me fui a la puerta de atrás de la cocina que daba acceso a la calle, para sacarla. Aquella puerta estaba cerrada, así que no lo pensé y me fui por el pasillo que daba acceso al mostrador y a la sala de comensales. Fue en ese momento cuando me sentí completamente desnudo delante de toda esa gente. Allí, en medio de aquel salón, caminaba con una enorme bolsa al hombro, con el delantal y mis zapatillas llenas de suciedad tras acumular unas siete horas lavando sin parar. Tuve la sensación de que unas cincuenta personas se convirtieron en cincuenta escáneres humanos rastreando con sus miradas mi cuerpo de abajo a arriba y de arriba abajo, incluso comentaban entre ellos. Me sentía juzgado, criticado y menospreciado. Quizás jamás debí haber pasado por aquella sala llena de clientes que tranquilamente almorzaban, mientras un tipo lleno de mierda y suciedad irrumpía en el salón comedor e interrumpía todas las conversaciones. Después me di cuenta que fue algo que necesitaba vivir. Una especie de vocecilla interior que me invitaba amablemente a despertar.

Cuando regresé de tirar la basura, y antes de regresar a mi "oficina", pasé por el baño. Fue como una escena de película, de esas en las que dices: "…y entonces, me miré al espejo". Pues sí, me miré en el espejo y me sentí totalmente hundido. ¿Qué hacía a veinte mil kilómetros de distancia con respecto a mi hogar, con veintiséis años, habiendo abandonado la carrera de Economía, dejando a un lado lo poco o mucho que estaba consiguiendo como entrenador en España, casi sin saber hablar inglés, sin tener amigos y trabajando como ilegal lavando platos?

Me eché a llorar. Mis abuelos maternos habían abandonado el campo desde un pueblo de Toledo para moverse a Madrid y dar una vida mejor a mi madre y a mis tíos. Mi padre comenzó a trabajar desde los catorce años, y junto a mi madre, se volcaron en darnos lo mejor que pudieron a mí y a mis hermanos. Un bonito hogar donde crecer, estudios en colegios privados, acceso a la Universidad…

En fin, cosas que ellos jamás tuvieron, privándose prácticamente de todo para que así fuera. Y llego yo, y por querer cumplir una especie de utopía lo dejo todo y me voy a Nueva Zelanda. Sentí que me asfixiaba.

Me di cuenta de que hacía tiempo que había dejado de soñar y conectar con mi visión de vida: aquel **sueño titánico** que era llegar a ser entrenador profesional de rugby y vivir cada día desde mi propósito.

Decidí conectar de nuevo con mi **sueño titánico**. Yo no había ido a Nueva Zelanda a lavar platos. Lo había hecho para poder aprender de los mejores del mundo y construir una base más sólida para poder crecer como entrenador de rugby y merecer la oportunidad de vivir de ello.

Fue entonces cuando dejé de moverme sin sentido y comencé a darle sentido a cada uno de mis movimientos.

Esa tarde, cuando llegué a casa, encendí mi portátil y me puse a buscar cursos de rugby en la *Auckland Rugby Football Union* (ARFU). Me prometí no parar hasta cumplir mi propósito.

Tras siete correos tuve finalmente respuesta del *manager* de entrenadores de la ARFU. ¡Me estaba dando cita para ir al Eden Park Stadium y tener una reunión con él! En aquel estadio se jugó la primera final de la Copa del Mundo de rugby en 1987, cuando Nueva Zelanda se proclamó campeona.

El día de la cita tuve una cantidad de trabajo descomunal y no pude salir antes de mi hora habitual, como había solicitado a mi jefe. Así que tuve que ir directo desde el trabajo y con toda la suciedad acumulada tras doce horas fregando. Pedí un taxi para ser puntual. Recuerdo que aquel trayecto en taxi me costó más dinero de lo que gané ese día lavando platos.

Poco después de comenzar nuestra reunión, le pregunté a Sean Botherway, que era el *manager* de entrenadores de la ARFU, sobre posibles cursos a los cuales asistir. Me dijo que iba a iniciar un curso en poco más de un mes: el nivel 3 de la *New Zealand Rugby Union*. Era una formación de alto nivel que se hacía cada dos años, exclusiva para veinticinco personas que eran elegidas e invitadas, y que vendrían de toda Oceanía. Entrenadores de Nueva Zelanda, Australia, Tonga, Samoa y Fiji.

Sin dudarlo un segundo le pregunté si podría ir como oyente, para mejorar mi inglés y aprender de los mejores. Sean aceptó.

Pasaron los días y llegó el ansiado momento: el módulo 1 de la formación. Allí me presenté. Y sí, allí estaban aquellos veinticinco "elegidos" de toda Oceanía… y yo. Varios de los entrenadores más prestigiosos del país se habían dado cita en el Eden Park Stadium para hacer de profesores durante el primer módulo.

Al salir, ya de noche, nos invitaron a cenar unas pizzas en un Sports Bar cerca del estadio. Cuando ya llevaba dos pintas de cerveza y antes de marcharme de regreso a casa, me armé de valor y me acerqué a Sean Botherway de nuevo.

— Sean, quiero hacer el curso como el resto.

Me atreví a manifestar mi mayor deseo de aquel momento sin tapujos ni miedos.

— ¿A qué te refieres?

— Que no quiero ser solamente oyente. Quiero realizar la formación como los otros veinticinco. Poder estudiar, presentar proyectos, prácticas… lo que sea. Sé que soy español y allí el rugby no es tan popular como aquí, pero la nacionalidad no nos da ni nos quita nuestras capacidades. Estoy dispuesto a trabajar más duro que nadie de los que está aquí y demostrarte que estoy al nivel de la exigencia del curso. Dame la oportunidad. Te prometo que no te vas a arrepentir.

Hizo una pausa, dio un trago a su pinta de cerveza y me pidió que le enviara mi currículum, que no lo veía imposible pero que lo tenía que valorar y consultar.

El lunes siguiente algo había cambiado en mí. Sonó, como cada mañana, mi despertador a las 5:15 am. A esa temprana hora solo estaban mis compañeros de cocina preparando las ensaladas y algunas cosas necesarias para los desayunos. Cuando pasé a la cocina, lo hice silbando. El tipo grisáceo, amargado y mediocre parecía que se había quedado en algún otro lugar, no había venido conmigo. Volver a conectar con mi propósito cambió radicalmente mi manera en la que iba a trabajar y realizaba mi trabajo. Y no solo eso; el modo en que me relacionaba con mis compañeros de trabajo también mejoró.

Esa semana tuve respuesta de Sean. Su correo electrónico decía que si conseguía un equipo al que entrenar durante toda la temporada, podría acceder al nivel 3 de entrenador.

¡Solo debía encontrar un equipo al que entrenar para poder cursar aquella prestigiosa formación!

Busqué en Google los clubes de rugby que estuvieran más cercanos a mi casa. Encontré uno situado a unos veinte minutos en autobús.

Fui allí a los dos días, directamente desde el trabajo. Cuando llegué al campo de entrenamiento vi a un señor que salía de las oficinas del club.

Me presenté y, tras mi introducción, la conversación prosiguió algo así como:

— ¿Y qué haces en Nueva Zelanda?—, preguntó curioso aquel hombre.

— Vengo a aprender más de rugby y también, de paso, algo de inglés. Y bueno, lavo platos en un restaurante.

— ¿Tienes familia aquí?

— No

— ¿Amigos?

— Tampoco. Bueno, alguno que estoy conociendo, con quien comparto casa y alguno más de mi trabajo.

— *Ok*. Ven, te mostraré el club—, concluyó, mientras su rostro aún expresaba cierta sorpresa.

Pasamos dentro de las oficinas. Todas las paredes estaban repletas de camisetas de juego de los All Blacks, la selección de rugby de Nueva Zelanda. Camisetas de todas las épocas.

— ¡Guau! ¡Cuántas camisetas de los All Blacks!—, exclamé.

— Ah, sí. Todas hermosas y con una gran historia por detrás. Dime, Rubén ¿sabes qué club es este?

Tras aquella pregunta, algo me indicaba que mi ignorancia acerca de la historia de ese club no era algo que me fuera a ayudar. Menos aún si le decía que no y que había ido ahí porque era el club más cercano a mi casa según Google Maps.

— No—, respondí tímidamente.

— Es el club que más All Blacks ha generado en la historia de Nueva Zelanda.

No sabía dónde meterme, mientras asentía con la cabeza perplejo.

— Tampoco sabes entonces quién soy yo—, prosiguió.

— No, señor.

¡En aquel momento quería salir corriendo de allí!

—Soy Bryan Williams, el director deportivo de este club, el Ponsonby Rugby Football Club. Jugué más de cien veces para los All Blacks. Entrené a los Hurricans del Super 12 (una de las ligas más potentes del mundo), y también a Samoa en la Copa del Mundo.

Aquel señor, que había decidido gastar su tiempo atendiendo a un desconocido que apenas hablaba inglés, era toda una leyenda en el país donde el rugby es casi como una religión.

Terminó de enseñarme todas las instalaciones. Al acabar, fue a buscar un libro que se escribió sobre él. Lo firmó y me lo regaló. Me dijo que le enviara mi currículum y que le contactara en un mes aproximadamente, después del verano, para ver si era posible integrarme en alguno de los equipos del club.

Pasado el mes de vacaciones volví a contactar a Bryan Williams. Respondió rápidamente:

— Rubén, ¿puedes venir el próximo martes al club? Tengo un equipo al que me gustaría que entrenases.

Allí me presenté puntual tras salir del trabajo. Bryan llamó a los jugadores y me presentó. Cuando les dijo que venía de España, algún jugador, bromeando, soltó aquello de: "¿Qué nos va a enseñar? ¿Fútbol?". Aquel equipo tenía jugadores de Nueva Zelanda, Samoa, Sudáfrica, Japón, Malasia… Sabía que iba a tener que soportar muchas cosas así, pero estaba convencido de que mi trabajo y mi esfuerzo iban a hablar por mí.

Con esa nueva oportunidad de entrenar a aquel equipo de rugby, se me abrió el acceso a cursar el nivel 3 de la NZRU.

Justo antes de las vacaciones de verano mi actitud en mi "oficina" había cambiado notablemente. Seguía siendo un lavador de platos ilegal, pero era el mejor lavador de platos posible, con un sentido brutal de servicio a los demás. Con una sonrisa siempre de oreja a oreja. Con un interés real por mis compañeros de trabajo, disfrutando con ellos de cada jornada, bromeando, ayudándoles y siendo ayudado por ellos.

Mi vida se limitó a lavar platos, estudiar rugby y entrenar a mi equipo; punto. Me había propuesto ser el mejor del curso. Ser mejor nada más y nada menos que entre gente elegida por parte de algunos de los países más potentes del mundo del rugby. Sabía que solo retándome desde una férrea exigencia y un compromiso total, quizás llegaría a obtener las competencias suficientes como para sacar el curso adelante.

Como aún no dominaba el idioma, cada noche, además de estudiar y de realizar todas las tareas del nivel 3 de entrenador, preparaba mi entrenamiento de los martes y los jueves con mi equipo. Los diseñaba en papel y los traducía al inglés, resaltando las palabras clave que quería transmitirles. Esos papeles me los llevaba a mi "oficina" a la mañana siguiente y los pegaba a la pared, exactamente a un metro frente mí, y durante doce horas, mientras lavaba, los veía y trataba de memorizarlos. Fue la mejor herramienta que encontré para poder hacerme entender por mi equipo y dirigir los entrenamientos y partidos.

Aquella temporada, el equipo al que entrené consiguió clasificar a una fase a la que hacía años que no accedían. Antes de marchar de regreso a España, el capitán del equipo me comentó que había sido uno de los mejores entrenadores que había tenido en su vida. Me lo dijo entre cervezas, en mi despedida. No sé por tanto si era cierto o no, pero aún recuerdo aquello con mucha emoción, y me ayudó a confirmar en aquel momento y ahora, que entregar siempre más de lo que se espera de uno tiene eco en la gente con la que tienes la fortuna de compartir un pedazo de vida.

No sé qué fue de Sean Botherway, el responsable de entrenadores de la *Auckland Rugby Football Union*. Creo que tiempo después volvió como entrenador profesional. Estoy seguro que si alguien, hoy, pasados más de diez años de aquello, le pregunta por aquel español que pasó por allí, aún lo recordará…

El bueno de Bryan Williams vino a cenar a casa con su mujer un día antes de irme de Nueva Zelanda. Traté de cocinarles la mejor tortilla española que pude y ofrecerles el mejor vino español que mi presupuesto me permitió comprar. Todo se me hacía poco para aquel hombre que me abrió las puertas a entrenar en uno de los mejores clubes del país líder del mundo del rugby. Aquel que en numerosos entrenamientos se sentaba cerca a observar y a darme retroalimentación para poder ir mejorando día tras día. Fue una cena que guardaré siempre en el corazón, por todo lo que aquella persona, una auténtica leyenda viva en Nueva Zelanda, era capaz de entregar al mundo desde la generosidad y con una humildad envidiable. Me llenó de orgullo cuando en 2011, como presidente de la *New Zealand Rugby Union*, aparecía con la Copa del Mundo que los All Blacks acababan de ganar contra Francia, en el Eden Park Stadium, ese estadio donde una vez se juntaron veinticinco grandes entrenadores de toda Oceanía para realizar aquel curso de entrenadores de alto nivel. Veinticinco y un español soñador que pasaba por allí.

Después de más de un año encerrado en aquella cocina y empapándome de rugby del máximo nivel, conseguí sacar adelante la acreditación de nivel 3 por la

*New Zealand Rugby Union.* El certificado llegó a mi casa de Madrid bastante tiempo después de mi regreso a España. Creo que ni diez licenciaturas completadas en la Universidad me hubieran dado tanta felicidad como recibir aquel papel. No por el diploma en sí, sino por las experiencias y por el esfuerzo que tuve que realizar para atravesar todos los retos, estirar mis competencias y ser merecedor de aquella certificación del más alto nivel.

Por aquel entonces ya tenía un empleo a tiempo parcial con mi club de toda la vida y un empleo a tiempo completo con la Federación Española de Rugby.

El día que lo recibí estallaron cientos de recuerdos de aquella experiencia en tierras maoríes.

Me di cuenta del valor de tener siempre presente qué es lo que nos mueve de verdad.

Qué acaricia nuestro corazón.

Recordé que mientras no conecté con mi **sueño titánico** de nuevo, no pude rediseñar mi pensamiento. Dejé de interpretar mi vida percibiéndome como un lavador de platos ilegal, fracasado y amargado, y todo empezó a cambiar en mi vida.

Decidí ver mi trabajo como algo que me ayudaba a llegar a ese **sueño titánico**.

Entonces cada día comenzó a tener sentido, y mi actitud hacia el trabajo cambió radicalmente. Comencé a vivir buenas experiencias en el entorno de trabajo y grandiosas vivencias fuera de él.

Aquella noche, saboreando un buen ron y mirando aquel diploma, me di realmente cuenta de que gracias a cada una de aquellas decenas de miles de platos, había conseguido mi **sueño titánico**. Ya lo estaba viviendo. Había logrado ser entrenador profesional de rugby.

No cambió lo de fuera, cambió lo de dentro.

A la puerta del cambio tiene acceso todo el mundo, pero solo puedes abrirla tú mismo desde tu interior.

*Los sueños vienen en tallas grandes para que podamos crecer en ellos.*

Josie Bisset

# Capítulo 2
## Identifica y vive desde tu propósito

*Empezar a ganar dinero fue el error más grande de mi vida. Haz lo que sientas que tienes deseos de hacer, pues si eres bueno al hacerlo, el dinero llegará.*

Greer Garson

## ¿Es realmente tuyo ese sueño titánico?

Vivir una vida con propósito nos ayudar a exprimirla. La vida es algo que hay que morder. No está diseñada para ver qué ocurre allí al final de ella. La calidad de tu vida está determinada por aquello con lo que llenas cada uno de tus días. Nuestros días son nuestra vida en miniatura.

Lo que sí te puedo decir es que una vida sin propósito hará que vivas a medio gas. Sin ofrecer al mundo todo ese talento que tienes, y sin tú disfrutar de ello. Vivir desde el propósito optimiza nuestros días y por tanto la experiencia de nuestra vida.

Bronnie Ware, una enfermera australiana experta en enfermos terminales, escribió un libro titulado *Los cinco pecados de los moribundos*. El manuscrito cuenta los principales arrepentimientos que extrajo después de conversar con mucha gente en su lecho de muerte, justo antes de partir de este mundo.

El principal arrepentimiento era: "ojalá hubiera tenido el coraje de hacer lo que realmente quería hacer y no lo que los otros esperaban que hiciera".

¿Te imaginas? Cuando la muerte esté a punto de visitarte, te vas a arrepentir más de aquello que no hiciste que de aquello que sí hiciste aunque no te saliera como quisieras.

La mayoría —según la autora, y coincido totalmente con ella—, hacemos las cosas que otros quieren para nosotros, y no necesariamente lo que nosotros deseamos hacer, terminando de ese modo por vivir los deseos que otras personas proyectan en nosotros. ¿Te suena?

Muchas veces es así por amor. Seguramente tus padres o seres queridos, a través de sus experiencias de vida, tengan una serie de creencias, y para tratar de facilitarte a ti tu experiencia en el mundo pueden estar alejándote de tu propósito y tus talentos. En cualquier caso, no lo tomes a mal; como te digo, casi seguro es por amor. Pero nada de lo anterior quita que tú pases a la acción y tomes las medidas oportunas. Date el permiso de agendar una reunión contigo mismo, para observarte y valorar, para hacer introspección y determinar si sigues como hasta ahora (si consideras que ese es el camino) o si te corresponde tomar alguna decisión y moverte en otra dirección para vivir desde tu propósito, optimizando todos tus talentos y ayudando al mundo a través de ellos.

# Cada generación tiene su "porqué". Eres un privilegiado

Se dice que los *millennials* sois la generación con propósito o en inglés: *"The Purpose Generation"*. En mi opinión, todas las generaciones deberían ser *Purpose Generations*, pero no ha sido así a lo largo de la historia, y esto ha ocasionado que millones de personas hayan vivido muy por debajo de sus talentos, sin impactar al mundo como hubieran podido ni vivir sus vidas al máximo.

Aunque no comparto la idea de vivir una vida de esta manera, sí tenemos que entender que cada generación se ha desarrollado bajo diferentes circunstancias.

Los *millennials* sois probablemente la primera generación que, de manera consciente, podéis pensar en cuál es vuestro propósito de vida, y entonces buscar unos estudios o cualquier tipo de formación y algún trabajo que vaya en relación a este y a tus valores.

Hoy se estima que el 27 % de los graduados no tendrán un trabajo relacionado a su título. De hecho, se pronostica que en el futuro habrá un porcentaje considerablemente alto de profesiones que hoy no existen. Otras muchas, que hoy sí son consideradas como actividades laborales, sin embargo desaparecerán.

A diferencia de las generaciones pasadas, los *millennials* ya no pasaréis toda o gran parte de vuestra vida laboral en la misma compañía o incluso en el mismo trabajo.

Según la Oficina de Estadísticas Laborales de Estados Unidos, el tiempo promedio en un empleo para una persona de 20 a 24 años fue de menos de 1,5 años. Aquellas personas de los 25 a los 34 años estuvieron tan solo 3 años en el mismo trabajo. Y las personas por encima de los 35 años, permanecían una media de 5,5 años en el mismo trabajo.

Actualmente cerca de 2 billones de personas viven con unos 2 USD al día, y algo más de 1,2 billones de personas viven en la extrema pobreza, es decir, sin cubrir siquiera las necesidades básicas. Poder por tanto buscar tu propósito y elegir a qué dedicarte es todo un lujo. Puesto que intuyo que no estás dentro de esos 2 billones de personas en extrema pobreza, no lo desperdicies.

## Sintoniza tus talentos y define tu propósito

Hacer las cosas desde el propósito hace que te sientas realmente vivo, emocionado por comenzar tu día, aunque sea lunes.

Actuar desde ese lugar te permite compartir tus talentos con el mundo, generando un impacto positivo en este de alguna manera.

Nuestra vida tiene fecha de caducidad. Tener esto siempre en perspectiva es vital si quieres vivir desde tu propósito.

Parece de una obviedad abismal; sin embargo, pienso que muchas veces, por la velocidad a la que el mundo se mueve donde todo parece ser importante y urgente, lo relegamos a un segundo plano. Lo verdaderamente urgente es que vivas la mayor cantidad de tiempo posible, incluido en el trabajo, alineado a tu propósito. Solo así cada día tendrá sentido.

¿Te imaginas emplear tus días en algo que te inspire y que además tenga un impacto positivo en otros? Esto es posible y puedes empezar a construirlo siguiendo una serie de pasos. Ahora te toca a ti trabajar en ser el arquitecto de tu propósito, de tu propio destino.

## 1. ¿Quién soy? Una mirada al interior

*Estamos hechos y moldeados por lo que amamos.*

Johann Wolfgang Von Goethe

**¿Qué te hace único?**

Esta pregunta me la lanzó un amigo nada más comenzar una entrevista.

Me quedé literalmente en blanco durante unos segundos. Luego comencé a darle mi respuesta y argumentos. Lo que es incuestionable es la fuerza que tiene hacértela. Pero hacértela de verdad, sin escapatoria. Sin postergar la respuesta o dártela a medias.

Quizás tú no te lo hayas preguntado nunca; no importa. Pero si es el caso, no lo postergues más.

¿Qué te hace único, diferente al resto?

Algo que te puede ayudar a descifrar este enigma es empezar por identificar tus talentos. Aquello que de una manera entrenada o que de alguna forma innata tienes dentro de tu mochila de recursos.

Malcolm Gladwell, en su libro *Outliers. The story of success,* comenta que para alcanzar la maestría en algo, se deben acumular unas 10 000 horas haciendo ese algo. Esto vendría a ser 10 horas por semana durante 20 años, 20 horas por semana durante 10 años, o bien 40 horas por semana a lo largo de 5 años…

Para mantenerte viviendo desde tu propósito de vida has de permanecer creciendo constantemente.

Los grandes atletas, músicos o artistas del planeta Tierra tienen detrás de sí seguramente una historia de acumulación de trabajo y repetición de acciones envidiable que les han permitido desarrollar un enorme talento. Lo que sucede es que nosotros solo vemos la punta del iceberg y no conocemos todo lo que hay detrás de cada una de esas leyendas. Lo que se esconde bajo el mar y no contemplamos.

Había una vez un niño que nació fuera del matrimonio y, como consecuencia, tenía limitado su acceso a la educación. Prácticamente su familia se encargaba de facilitarle todo el conocimiento. A este niño le encantaba salir a pasear por unos olivos y perderse por allí a observar la naturaleza. Un día, aquel joven entró en el cuarto de su padre, que era notario, y cogió unas hojas de papel antes de irse a pasear por aquel fantástico paisaje. Allí sentado, dibujaba toda la naturaleza que era capaz de percibir: desde plantas hasta animales de todo tipo, tratando de dar la mayor precisión posible a todo cuanto veía. Nadie le enseñó a dibujar. No tuvo maestros, más que la práctica constante y persistente de una actividad que le apasionaba realizar.

Aquellos olivos por los que ese joven se perdía horas y horas dibujando, estaban situados a unos treinta kilómetros de Florencia, en el pueblo de Vinci. Aquel joven se llamaba Leonardo. Leonardo Da Vinci. El resto, es historia. Es leyenda.

El talento y la majestuosidad de Leonardo Da Vinci, como la de toda la gente brillante, no es fruto de la casualidad. Lo es de la causalidad. ¿Tenía Da Vinci un talento innato o lo desarrolló? Creo que ambas cosas van de la mano.

La primera vez que escuché hablar de la regla de las 10 000 horas fue hace ya bastantes años, en un curso de *coaching*. Aquel día me pregunté: ¿quién va a aguantar haciendo algo con dedicación plena, comprometida y meticulosa durante 10 000 horas? La respuesta me salió al instante: aquella persona que sienta verdadera pasión por lo que hace. Por lo tanto, talento, pasión y propósito suelen ir lo uno al lado de lo otro. Te conducen, si lo usas y desarrollas bien, a la maestría, a la excelencia.

Dicen que durante una entrevista, una persona le preguntó a Steve Martin, aquel famoso comediante: "¿Cómo puedo ser el próximo Steve Martin?". Tras unos segundos y una sonrisa, el propio Steve le respondió: "Sé tan bueno haciendo eso que haces, que nadie pueda ignorar tu trabajo".

Sé tan excelente como para convertirte en el nuevo estándar de tu industria. Hazlo de tal manera que llegues, incluso, a ser leyenda.

Para poder identificar tus talentos y tu propósito, te invito a que visites al niño o al joven que fuiste, cuando sentías de alguna manera una fuerte atracción hacia ciertas actividades que despertaban tu inquietud total. Antes, mucho antes de que la familia o la sociedad tratara de llevarte hacia lo que "debes" ser o hacer.

Cada niño es, en cierto modo, un artista, un genio. Pero sin darnos cuenta, al 99 % de los niños se nos condena a quitarnos esa condición de genios por parte de los adultos y de la sociedad en general. El reto radica en cómo permanecer siendo ese artista, ese genio… una vez que crezcas.

El primer paso para hallar tus talentos y tu propósito es una mirada interior: ¿Quién eres? ¿Qué es eso que haces tan bien? ¿Qué te hace único? ¿Qué es eso que la gente destaca de ti?

Identifica ese o esos grandes talentos y trata de llevarlos a su máxima expresión, usándolos cada día. No hacer esto es vivir a medio gas. Piénsalo: se te dan y trabajas unos dones o talentos, y llegas tú y decides no usarlos a diario. ¿Vivirás al máximo si no haces eso que puedes hacer de manera extraordinaria? Y tu entorno o el mundo, ¿qué se quedaría sin vivir, observar, aprender… si no pones a su servicio todo ese talento?

¿Cómo sería el mundo sin Apple? Steve Jobs tuvo un origen humilde, pero siguió su pasión a lo que le sumó todo su talento. El resto de la historia ya lo conoces. ¿O un mundo sin el cine? Fruto del talento de los hermanos Louis y Auguste Lumière. Incluso, ¿un mundo sin Harry Potter? J.K. Rowling, su autora, vivió momentos durísimos, incluso con pensamientos suicidas, transitando las cafeterías de Edimburgo para poder escribir allí mientras su hija dormía. A pesar de ser rechazada por varias editoriales, su talento se expandió por el mundo. *¡Draco dormiens nunquam titillandus!*

¿Te das cuenta de que vivir desde el propósito es aportar el mayor valor posible al mundo? ¿Y cómo lo haces? Poniendo al servicio de este tu talento, lo que se te da bien y que además te hace disfrutar. ¿Cómo te sientes cuando contribuyes desde tu propósito?

Personalmente, cuando lo hago a través de mis conferencias, seminarios, sesiones de *coaching* o entrenando a diversos equipos de rugby, siento que me expando por dentro. Experimento una energía verdaderamente bestial.

Explora tus talentos, revisa cómo te hacen sentir. Ahí tendrás una pista importante que seguir para encontrar tu propósito.

No deberías vivir un solo día de tu vida sin usar tus talentos o actuando desde el no propósito. Eres el héroe o heroína de tu propio mundo.

*Ignorar lo que eres, lo que auténticamente eres, puede matarte literalmente. Si sigues ignorando quien eres en realidad, tu sistema se colapsará por completo… Forzarte a ser quien no eres, o aplastar a quien verdaderamente eres, es peligrosamente tóxico.*

P.McGraw

## ¿Qué es el éxito para ti?

Hace poco, al finalizar una entrevista, me dieron una hoja en blanco y un rotulador. Yo debía sacar de una caja un papel al azar y dibujar lo que para mí significase la palabra que saliera escrita en aquel papel. La palabra que casual o causalmente salió era, precisamente, "éxito".

Lo que dibujé, mientras se lo explicaba a mi entrevistador, fue una serie de garabatos con forma de persona. Cada una de ellas con un letrero en blanco donde yo, pésimo dibujante, trataba de reflejar la idea de que cada ser humano tiene la obligación de definir su propia felicidad y éxito. Y es que hoy en día, con la marea de redes sociales que hay, donde pasamos cantidades indecentes de tiempo, parece que se nos muestra cómo debemos de vivir la vida para ser exitosos. Al final lo que sucede es que muchas personas comienzan a "postear" lo que socialmente está de moda hacer para ser feliz, sin necesariamente generarles de manera real esa emoción. Y así, poco a poco, muchas personas dejan de vivir desde su esencia, y pasan a vivir a través de lo que la sociedad va definiendo como correcto o digno de hacer para ser feliz. Pero recuerda una cosa: la sociedad no va a vivir tu vida, pero tú sí.

Es necesario y urgente que cojas papel y bolígrafo y que emprendas la acción de definir qué es para ti el éxito. Que lo definas con todo tipo de detalles. Solo tú puedes y has de definirlo. Trabaja para ser merecedor de él. A veces el éxito puede llegar a ser mucho menos sofisticado de lo que podamos creer.

El regalo de la vida es tuyo, es un camino increíble que se va definiendo por las elecciones que vas realizando a lo largo de este recorrido; por tanto, el único responsable de la calidad de tu vida eres tú. Elige bien, con sabiduría. No elegir es igualmente tomar una decisión, y tiene igualmente consecuencias, solo que seguramente no estén relacionadas con el lugar al que quieras llegar.

Y, ¿cómo elegir bien? Desde mi punto de vista, a través de lo que yo llamo tus "estrellas fugaces". Sin querer meterme en temas de religión, sabrás que la estrella de Belén, según la tradición cristiana, era una estrella fugaz que guió a los Reyes Magos hasta el lugar de nacimiento de Jesucristo.

Para mí, esas estrellas fugaces que te pueden guiar son dos: una es tu propósito, que ya hemos comentado anteriormente, y la otra son tus valores. ¿Qué es un valor?

Es aquello a lo que realmente le das importancia, para transformarlo después en comportamientos. Si tienes claros tus valores, cuando tengas dudas para tomar una decisión, estos te ayudarán a decidir con mayor claridad y seguridad.

Los valores no son algo estático. Estos han podido modificarse a lo largo de tu vida, otorgándoles mayor o menor importancia, pues se originan de muchas maneras a lo largo de tus experiencias de vida. Incluso quizás no hayas sido realmente consciente de cuáles fueron o son ahora tus valores vitales. No te preocupes, estás a tiempo de identificarlos. Esto te hará vivir una vida en consonancia a tu esencia y desde la congruencia e integridad.

¿Cuáles son tus valores *top 5* que quieres que te acompañen por la senda de tu vida?

Recuerda que tus decisiones configuran tu destino.

## 2. ¿Qué necesita el mundo? Una mirada al exterior

Tu talento es tu gran súperpoder, pero de poco o nada te sirve si no lo alineas a lo que el mundo necesita. Tu siguiente paso por tanto es poder identificar qué necesidades o qué problemas tiene el mundo y cómo tú puedes contribuir a resolverlos usando tus talentos. Pon tu talento al servicio del mundo.

**Talento + Utilidad = Propósito**

Si eres de utilidad al mundo a través de tus talentos, a cuanta más gente mejor, será difícil que te vaya mal en la vida, tanto emocional, espiritual o económicamente. Y si ya tienes claros tus talentos y cómo servir al mundo, seguramente te puedas hacer una idea de por dónde puede ir tu propósito.

Haz ese propósito lo más grande que puedas. A mí me gusta hablar de **sueños titánicos**. Aquello que deseas alcanzar en el largo plazo y que es tan potente para ti que te genera una fuerte sensación de vértigo solo de pensarlo.

En unas clases sobre motivación y liderazgo en la Escuela de Guerra del Ejército Español, quienes nos ayudaron a preparar a la selección española durante meses para el Campeonato de Europa, escuché hablar al teniente coronel Agustín Carreño de los términos "micromotivación" y "macromotivación", entendiendo micro y macro como corto y largo plazo. Tu **sueño titánico** es tu macromotivación, aquello que te inspira llegar a conseguir a través de tus talentos y siendo de utilidad al mundo. Es tu punto de llegada y por donde has de empezar, del final al inicio. Del punto de llegada al punto de partida.

Mucha gente comienza con la vista puesta en el día de hoy, o en mañana, o en un mes. Y no está mal, pero bajo mi punto de vista lo que hagamos en el día a día tiene que estar directamente relacionado con nuestro **sueño titánico**, con nuestra macromotivación, con nuestro propósito.

Si te detienes un rato a pensar y definir cuál es este **sueño titánico**, y de verdad te produce hasta escalofríos imaginarlo, vas por buen camino. Así serás como un misil RS-28 Sarmat, capaz de alcanzar su objetivo a larga distancia y a una velocidad veinte veces la del sonido. Ese misil va literalmente con una determinación imparable hacia su objetivo, es decir, hacia lo que sería tu macromotivación. Y no importa que haya por el camino corrientes de aire (problemas que te encuentres por el camino) que le puedan sacar momentáneamente de su ruta, pues su sistema de programación actúa como un GPS y le vuelve a poner en el camino correcto de nuevo hasta alcanzar su objetivo. Así funciona una potente macromotivación en tu vida, te ayuda a orientar todas tus acciones diarias hacia ella, a pesar de los obstáculos que encontrarás en el camino.

Obviemos, por favor, todo el tema bélico, y quédate con la metáfora.

Lo realmente potente de esto es que esa inspiración que te genera tener tu **sueño titánico** bien definido y siempre presente, despertará tu micromotivación, es decir, tu motivación en el corto plazo, en el día a día, para aproximarte cada vez un poco más a él. Tus días cobrarán dirección y sentido, y esto te permitirá que cualquier cosa que debas hacer en el trabajo, a nivel personal, etc., vaya alineada. Cuando macromotivación y micromotivación se conectan, se produce la magia.

Poco a poco hemos ido integrando diferentes herramientas que te ayudarán a la hora de diseñar tu futuro: definir tus talentos, tus valores, enmarcar qué es para ti el éxito, descubrir qué es lo que el mundo necesita… y de ese modo poder identificar cuál puede ser tu propósito, en el trabajo y en la vida.

Mi recomendación a la hora de emprender esta aventura es que el dinero no sea aquello que exclusivamente guíe tus decisiones. Este te llegará en la medida en que puedas ser de utilidad a la gente. Básate en hacer aquello que te haga feliz, que además normalmente va asociado a tus talentos.

Hay un estudio muy revelador que hizo Mark Albion entre los años 1960 y 1980 en la Universidad de Hardvard a 1500 estudiantes, que nos indica cuál es el camino a seguir: si ganar dinero para ser feliz o ser feliz para ganar dinero.

El estudio categorizó a los estudiantes en dos grupos:

- **Grupo 1:** en este grupo estaban aquellos que ansiaban primero satisfacer sus necesidades económicas y luego poder disfrutar de la vida. Estos estudiantes serían los que elegirían su primer trabajo al salir de aquella prestigiosa universidad, basándose en la cantidad económica que recibirían, por encima del tipo de trabajo en sí.

- **Grupo 2:** estas personas elegirían su primer trabajo tras terminar la universidad, priorizando aquello que les daba felicidad, sin importar tanto el dinero en el corto plazo.

El grupo 1 estuvo compuesto por el 93 % de los graduados, es decir, 1245 personas. El grupo 2 lo formó el 17 % de los graduados, 255 personas.

Transcurridos veinte años de aquella encuesta, Mark Albion hizo una investigación y seguimiento para conocer el nivel de riqueza que habían acumulado y de qué grupo había mayor predominancia.

En total, 101 personas llegaron a ser millonarias. De esas 101, tan solo una pertenecía al grupo 1, y 100 al grupo 2. La conclusión del estudio es muy contundente: si eliges a través de tu pasión, alcanzarás de alguna manera esa riqueza económica como consecuencia, pues actuarás usando día tras día tus talentos y podrás servir mejor al mundo.

¿En qué eres realmente bueno y te encanta hacer? ¿Qué necesita el mundo? ¿Cómo puedes vincular ambas respuestas?

*Es condenadamente difícil competir contra alguien que disfruta de lo que hace.*

Steve Pavlina

# 3. Planifica la escalada del K2

El K2 es la segunda montaña más alta del mundo, por detrás del Everest por tan solo 200 metros.

Es la montaña más difícil de escalar del mundo, según los expertos.

Es imposible subirla si no has planeado bien a detalle cómo hacerlo. Si no has marcado bien la ruta que vas a seguir, lo que vas a necesitar de material, los campamentos base que vas a ir cruzando a lo largo de toda la subida, los posibles contratiempos, etc.

Escalar tu **sueño titánico** también necesita de planificación y establecimiento de objetivos. No dejes nada al azar. Como siempre les digo a mis clientes en sesiones de *coaching*, *team coaching* e incluso en capacitaciones: "No planificar, es planificar el desastre".

Marcarse objetivos tiene una fuerza brutal, pues vendría a ser una capa más de la cebolla que le quitas a tu **sueño titánico**. Ir poco a poco a la profundidad y al detalle del día a día. Pasas de la macromotivación a la micromotivación, y de esta a los objetivos que, sumándolos todos, te permiten caminar y acercarte a tu propósito.

En 1953, la Universidad de Harvard llevó a cabo un estudio con integrantes de un MBA. El mismo consistía en saber si tenían claras sus metas a futuro o no. El 3 % de ellos había pensado bastante sobre sus metas y las había puesto por escrito. El 10 % tan solo había pensado sobre sus metas pero no las había puesto por escrito. El 87 % restante ni había pensado sobre sus metas y ni mucho menos las había puesto por escrito.

Transcurridos veinte años, las personas que habían pensado sobre sus objetivos (10 %), tenían el doble de ingresos que la media de los que no había pensado sobre ellos (87 %).

Además, aquellas personas que habían pensado sobre sus objetivos y que además los habían puesto por escrito (3 %), ganaban aproximadamente diez veces más que el otro 97 % de las personas del estudio.

¿Cuáles son tus objetivos? ¿Los tienes bien definidos? La claridad precede al éxito.

Ojo, no me estoy refiriendo a que la generación de dinero implique necesariamente éxito, pero por norma general sí es una consecuencia del mismo, un resultado.

Como sabrás, el entorno laboral y el deportivo —sobre todo el de alto rendimiento— tienen muchas cosas en común. Pero hay una en concreto que el deporte vive de manera más evidente y agresiva que muchos trabajos, y es que cada día entrenan porque el fin de semana tienen un reto y un resultado inmediatos, elogiado por algunos y criticado por muchos. Cada fin de semana se convierte en un examen de presión y de consecuencias extremas.

Hace unos años, la selección mexicana de rugby femenino se jugaba el pase a lo que sería su primera participación en una Copa del Mundo, en concreto la de San Francisco. Yo no entrenaba a esta selección, sin embargo me pidieron que las apoyara con una dinámica la noche previa al inicio del clasificatorio que otorgaba la última plaza disponible al mundial. Dirigí la sesión completamente hacia el establecimiento de objetivos y su vinculación a la competición.

Quiero compartir contigo alguno de los conceptos que trabajamos con aquella selección, basados en tres tipos de objetivos que se interrelacionan entre sí y que es necesario conocer para poner tu foco no solamente en el resultado, sino proyectarlo sobre el proceso, que es sobre lo que verdaderamente tienes más control.

Te lo voy a explicar con un ejemplo de baloncesto para ser más ilustrativo:

- **Objetivo de resultado:** es el fin último que se persigue. Ejemplo: quieres ganar la titularidad antes de la mitad de temporada.

- **Objetivo de rendimiento:** es una meta, una acción o serie de acciones en medio del camino que, si llegas a ella, te permite con mucha probabilidad alcanzar tu meta de resultado. Por ejemplo: mejorar tu lanzamiento de triples en un 15 % - 20 % de eficacia. Si mejoras ese porcentaje será más factible alcanzar tu objetivo de resultado.

- **Objetivo de proceso:** es el paso a paso que has de seguir para que tu objetivo de rendimiento se pueda cumplir. Algo que has de hacer mejor, o dejar de hacer, o incorporar o empezar a hacer. Vendría a ser el "cómo» se hace. Por ejemplo: cada vez que tiras un triple debes acompañar más al balón con la mano que lanza y soltarla cuando hayas alcanzado tu máxima altura en tu salto para lanzar. Normalmente ponemos nuestras metas enfocadas solamente en objetivos de resultados, pero el resultado depende de muchos factores y gran parte de ellos se escapan a tu control. Poner el foco en los objetivos de rendimiento y de proceso es mucho más potente y efectivo, porque tienes mayor control sobre estas acciones.

Créeme si te digo que he cometido muchos y grandes errores a la hora de establecer objetivos en la dirección de equipos. Muchos de mis peores resultados como entrenador han sido consecuencia de poner el foco solamente en el resultado.

Ten siempre en mente esa tridimensionalidad RRP a la hora de marcar objetivos:

**Resultado – Rendimiento – Proceso**

Cuando decidas trabajar sobre ellos, puedes apoyarte de la herramienta SMART. Quizás ya la conozcas, pero eso no importa; lo que marca la diferencia es si la aplicas.

**S:** Específico – Qué quieres conseguir exactamente.

**M:** Medible – Has de poder medirlo de alguna manera evidente.

**A:** Alcanzable – Que no sea una locura de objetivo irrealista.

**R:** Relevante – Ha de ser muy ilusionante o importante para ti, pues si no lo es corres el riesgo de abandonarlo ante situaciones difíciles.

**T:** Temporalizado – Has de marcar una fecha para la cual el objetivo ha de estar cumplido. Lo que no se agenda rara vez se lleva a cabo.

Exígete y rétate lo más que puedas a la hora de diseñar y establecerte tus objetivos. Vale, te acabo de decir que estos han de ser alcanzables. Pero trata de llevarlos un poco más allá, al lugar donde parece que roza lo inalcanzable, la locura.

Los más grandes logros de la historia de la humanidad se han conseguido cuando la gente ha desafiado lo alcanzable llevándolo al límite. O, ¿qué crees que pensaría la gente cuando, en un mundo donde la vela era la fuente principal de luz, un tipo pretendiera que apretando un interruptor de repente hubiera luz eléctrica?

Atraviesa lo posible para llegar a lo "imposible". Desplaza tu objetivo siempre un poco más allá. ¿A qué me refiero? Te lo cuento con un ejemplo. Imagina a un karateka que se dispone a romper un ladrillo. El karateka no proyecta su objetivo en el ladrillo, lo lleva más allá del mismo, por detrás de él. ¿Qué sucede entonces? Que aquel ladrillo se termina convirtiendo en un mero objeto entre el karateka y su objetivo. Es entonces cuando lo atraviesa. Si su objetivo lo hubiera colocado en el ladrillo, quizás hubiera hecho algunas grietas nada más. Ese es el problema: correr el riesgo de quedarte en las grietas pensando que ese era el mayor nivel al que podías acceder, acomodándote en esa mediocridad.

Nuestros objetivos determinan nuestros límites. Nuestros objetivos nos permiten estirar nuestras competencias y crecer.

Si quieres escalar tu K2, vas a tener que desmenuzar esa gran proeza en partes más pequeñas, digeribles. Plantéate objetivos RRP y hazlo de una manera SMART. Planifica tu mapa del tesoro.

Aquella selección mexicana de rugby femenino se clasificó para el Mundial de San Francisco.

*El primer paso indispensable para obtener lo que quieres en la vida es decidir qué es lo que quieres.*

Ben Stein

# 4. Rompe la inercia de estar quieto

*Más vale un gramo de acción que una tonelada de intención.*

Proverbio oriental

De la nada no sale nada. Por mucho **sueño titánico** que tengas, por mucho plan milimétrico que hayas estructurado, no sucederá nada hasta que tengas el coraje de pasar a la acción.

Sé que tendrás una sensación de vértigo. ¡Y qué bien que así sea! Si no tienes esa emoción dentro de ti probablemente te estés equivocando de propósito.

Hay un concepto que se llama "salto de fe". Verás, en mi camino hacia aquel objetivo de poder ayudar a las personas y a equipos en su crecimiento y experiencia de vida, en el año 2011 di mi primera conferencia en el Centro Penitenciario de Estremera, en Madrid. Tras una visita previa a la cárcel para desarrollar un programa de rugby allí, solicité la posibilidad de acudir de nuevo, pero no para realizar otra sesión deportiva, sino para ayudarles como seres humanos. Para ofrecerles herramientas que les permitiera dar sentido a cada día en prisión hasta que, una vez llegado el momento, pudieran tener libertad de nuevo.

Está claro que algo mal o incorrecto habían hecho para estar allí, pero sentí la necesidad de ayudarles de alguna forma.

Una de las diapositivas que les puse durante la conferencia, tenía una foto de Indiana Jones en la película de *Indiana Jones y la última cruzada*. En concreto, de una escena en la que Indiana Jones necesita continuar avanzando para encontrar el Santo Grial. El problema es que está al borde de un precipicio y para cruzar al otro lado no existe ningún puente, al menos visiblemente. Pero Indiana tiene que encontrar el Santo Grial; además, su padre corre peligro. En ese momento, Indiana, mirando al frente, se dice a sí mismo: "Es un salto de fe", a lo que su padre añade a lo lejos: "Debes crees… debes creer". Indiana Jones se lleva la mano al pecho, cierra los ojos, respira hondo y da el primer paso al vacío. En ese preciso momento y ante su sorpresa, no cae al precipicio, sino que se extiende un puente que une los dos puntos, y finalmente consigue cruzar ese espacio que a priori parecía imposible de atravesar.

Eso es dar un salto de fe, tener la convicción plena de aquello que no se ve aún y que no se verá si no le imprimes una acción desmesurada, si no te atreves.

Sentir el vacío del vértigo que te produce iniciar el camino hacia tu propósito, creer en él y avanzar, eso es tener fe.

Aquella sesión en la cárcel jamás la olvidaré. Cuando salimos del salón de actos, una de las presas se me acercó y me vino a dar las gracias por la conferencia. Me mostró su muñeca, con una cicatriz aún fresca; se había intentado quitar la vida poco tiempo atrás. Me dijo que había logrado conectar con un propósito que daba sentido a su vida. Me quedé de piedra. No supe qué decir, aparte de agradecer sus palabras y su apertura. Lo que sí sé es que en ese momento comprendí el tremendo valor de ofrecer al mundo nuestro talento para ponerlo a su servicio.

Tiempo atrás, mientras me abrochaba el cinturón del avión que me llevaría del Madrid de mi corazón a Londres, y de ahí a Hong Kong para finalizar en Auckland, te puedo asegurar que sentí el mayor vértigo de toda mi vida… aún estando en tierra y con el avión detenido. Pero tenía un Santo Grial bien definido al otro lado del mundo. Cada paso hacia él, en cierto modo, fue un salto de fe.

El primer paso siempre será el más complicado, el más duro. Llénate de fe y pasa a la acción... ¡ya!

Esa acción va a generar más movimiento como consecuencia, y romperás la inercia de estar quieto. En ese momento empezarás a representar en el mundo de lo tangible, lo intangible: tus "porqués" y "para qués" que de alguna manera se materializarán en resultados.

## 5. Ten siempre tu obra maestra en mente

Todo es un proceso. Tu premio no te va a llegar de la noche a la mañana. Abróchate el cinturón de seguridad y prepárate para la travesía. Disfrútala. Y te digo esto por experiencia propia. Cuando aterricé en Auckland pensé que todo iba a ser un camino de rosas, y obviamente no lo fue. Al contrario; fue una sucesión de retos. Pero, ¿sabes qué? En los retos, se crece.

De hecho, si hoy aún no has alcanzado tu **sueño titánico** es porque todavía no eres merecedor de él. Y tiene todo el sentido del mundo, pues si por algún motivo llegaras a recibir o vivir tu **sueño titánico** antes de tiempo, muy probablemente lo perderías igual de rápido que llegó a ti. Has de convertirte en alguien diferente a quien eres hoy en día.

¿Quién has de ser cuando hayas alcanzado ese sueño? El hilo conductor que va a acelerar ese acercamiento entre quien eres ahora y quien has de llegar a ser, son tus hábitos.

Haciendo las cosas con tus hábitos hasta ahora desarrollados, has llegado hasta donde estás. Revísalos y comienza a definir qué hábitos deberías empezar a implementar en tu vida para poco a poco moverte hacia esa persona merecedora de conquistar tu meta. Imagina a ese "tú" que es capaz de conquistar su **sueño titánico**: ¿cómo es? ¿Qué habilidades tiene? ¿Cómo es un día de su vida? Imagínalo. Investiga sobre ello y tendrás pistas de por dónde puedes empezar a trabajar.

Dicen que primero nosotros hacemos al hábito y luego el hábito nos hace a nosotros. Particularmente coincido con esa reflexión. El problema es que muchas veces generamos hábitos inconscientemente. Hay hábitos que te acercan a la vida que quieres y hábitos que te alejan de ella. Si tienes claro tu propósito, tendrás muchas más probabilidades de poder identificar qué hábitos son los que te acercan a donde quieres llegar.

Estudios de la Universidad de Londres apuntan a que se requieren 66 días para instalar un nuevo hábito, generar nuevas rutas neuronales y entonces hacer de manera natural aquello que al principio te costaba mayor esfuerzo.

Identifica por cuál o cuáles empezar y ponte en marcha. Ten disciplina.

Por el camino encontrarás —como te comenté— muchos retos. No caigas en la mediocridad en la que cae desafortunadamente mucha gente: el conformismo de permanecer en un lugar donde no quieres estar aceptándolo, contándote excusas.

En cualquier trabajo, seas CEO, programador, atleta, taxista, vendedor, lavador de platos ilegal, etc., puedes encontrar un propósito siempre y cuando lo alinees a tu propósito de vida. Pon a trabajar cada día tus talentos al servicio del mundo, haciendo lo que en ese momento te corresponda hacer. En todos los trabajos tienes la posibilidad de marcar la diferencia, de expresar tus talentos. Todos son experiencias que nos permiten aprender e identificar qué es importante para nosotros y qué no, mientras caminamos la vida. Pero no te quedes en la conformidad; usa cada trabajo para entrenarte en algo que seguramente te hará falta más adelante.

¿Sabes? Quizás no exista el trabajo perfecto, pero sí el trabajo correcto a través del cual y en base a tu propósito, poder compartir tu talento sin necesidad de esperar a la situación ideal. Todos lo son y en todos te lo debes exigir. No te engañes; en cada uno de ellos puedes y debes brillar.

Hace poco, en un programa de radio, me preguntaron si plantear de esta manera el trabajo no podría confundirse con el conformismo. La pregunta tenía todo el sentido del mundo. ¿Consigues darle propósito a tu trabajo y te quedas así en piloto automático el resto tu vida laboral? No, no es esto a lo que me refiero. Eso sería conformismo, pero hay una gran diferencia entre conformismo y aceptación. La aceptación es poder alinear a un propósito tuyo personal un trabajo que quizás no sea el que más deseas tener, y usar ese trabajo para estirar tus competencias y crecer. Ese crecimiento te permitirá moverte a otro mejor trabajo que te colocará más cerca de tu **sueño titánico**.

Alinea cada uno de tus trabajos a lo largo de tu vida con tu propósito y actúa desde el compromiso total.

Volviendo a aquellas capacitaciones sobre liderazgo, motivación, trabajo en equipo y estrategia en la Escuela de Guerra del Ejército Español con el teniente coronel Agustín Carreño y con el teniente coronel José Antonio Cuevas, una de la cosas que más me marcó fue su enfoque basado en el ser humano como el centro de todos los conceptos.

Uno de los ejemplos que nos pusieron fue el siguiente:

*Cuenta la leyenda que, en la Edad Media, un caballero francés que hacía el camino de Santiago se detuvo a descansar en Burgos. Mientras reponía fuerzas contempló a tres canteros que realizaban exactamente el mismo trabajo pero con actitudes muy diferentes.*

*Intrigado, le preguntó al primero, que parecía muy enfadado:*

*— Perdone, ¿qué es lo que usted está haciendo?*

*El hombre, maldiciendo, contestó de mala manera:*

*— ¿No lo ve? Estoy picando piedras.*

*Entonces el francés se acercó al segundo, que trabajaba muy concentrado en su labor y le repitió la misma pregunta. El cantero se volvió hacia él y con mucha parsimonia le empezó a relatar:*

*— Está clarísimo. Pulo las piedras con el cincel y el buril para que puedan ser trabajadas más fácilmente después.*

*Por último, el caballero se dirigió hacia el tercer hombre, que silbaba y cantaba mientras picaba las piedras. Al oír la pregunta, el cantero miró al forastero con una amplia sonrisa y le respondió entusiasmado:*

*— ¡La catedral de Burgos!*

Aquella historia tan sencilla nos dejó a todos en silencio. Clara, contundente.

El teniente coronel Agustín Carreño continuó:

— A todo cuanto hagáis en vuestras vidas podéis darle tres sentidos. Imaginad que hablamos de un médico. Ese profesional puede realizar su labor desde un *sentido ocupacional*: porque quiere ganar dinero, seguridad, prestigio, etc. Otro médico puede trabajar con un *sentido vocacional*: porque disfruta de lo que hace, la carrera en sí, etc. Otro, sin embargo, puede realizar su función de médico desde un *sentido trascendental*: porque desea salvar vidas, porque quiere un mundo mejor…

Después, hizo una pausa y nos preguntó:

— ¿En manos de cuál de los tres pondrías tu vida o la de un ser querido?

Como viste con los ejemplos anteriores, ese sentido trascendental lo puedes otorgar a cualquier trabajo que estés desempeñando o vayas a realizar.

No es por tanto el trabajo que hagas, sino tu capacidad de vincularlo a algo más grande, a tu propósito, lo que realmente cuenta.

Se estima que los *millennials*, de media, permanecéis en un trabajo tres años y luego os movéis a otro. Esos tres años equivalen, aproximadamente, a unas 5 760 horas. Esto supone que con esa progresión tendréis a lo largo de esas 80 000 horas, ¡cerca de catorce trabajos!

Alinea tu propósito a cada uno de ellos y entonces hallarás un sentido a cada cual mientras vas avanzando por tu camino, disfrutando y viviendo desde la integridad, poniendo al servicio del mundo todos tus talentos, día tras día.

No hay cosa más estúpida que levantarte por la mañana y pensar que vas a emplear tu día en algo que no te importa en absoluto. ¡Tus días son tu vida en miniatura!

Rediseña tu pensamiento, ten siempre en mente tu "catedral de Burgos", tu obra maestra.

No cambies lo de fuera, cambia lo de dentro. **Rediseña tu pensamiento.**

# PARTE 2
# REDISEÑA TUS ACCIONES

# Capítulo 3
## Sé invencible en el trabajo y en la vida

*La actitud es el efecto. El pensamiento es la causa.*

Robin Sharma

De la capacidad de rediseñar nuestro pensamiento nacerá una manera nueva de realizar nuestras acciones. Recordemos que todo nace en el pensamiento, pues este impacta en nuestras emociones. Nuestras emociones generan una manera de hacer las cosas. La suma de todas esas acciones genera hábitos y estos producen una serie de resultados.

Por tanto, si queremos obtener un resultado diferente, no debemos poner el foco solo en nuestras acciones, que es lo que normalmente creemos que hay que hacer para generar un cambio en los resultados que obtenemos. Debemos ir al origen de esa manera de hacer las cosas que son nuestros pensamientos, con todo el desencadenante de emociones que originan.

Habiendo rediseñado tu pensamiento, basado en conectar tu propósito y talentos a tu trabajo, seguro que tu manera de hacer las cosas será radicalmente diferente y la experiencia que resulta de ello, también.

Y es que lo que hacemos y cómo lo hacemos es la manera visible y tangible de representar todo aquello que no se ve: nuestros pensamientos, nuestras motivaciones, lo intangible. Hoy en día el qué hacer está al alcance de muchos, pero lo que realmente nos diferencia es realmente hacerlo, y sobre todo el cómo lo hacemos.

En la selección mexicana de rugby, a esta manera especial de hacer las cosas, lo llamamos "ser invencible".

El concepto surgió una noche en Kingston, Jamaica. Fuimos a aquella isla para disputar uno de los partidos del campeonato *Rugby Americas North*. Esperábamos un partido muy duro aquel fin de semana, una selección muy sólida y sobre todo muy rápida. No olvidemos que gran parte de los mejores velocistas del mundo son jamaicanos.

En la noche previa a nuestros partidos, como es habitual con la selección, hacemos una reunión para recordar el planteamiento estratégico de juego. La reunión la concluimos anunciando el equipo con el que iniciaremos el partido y procedemos a la entrega de las camisetas jugador por jugador, para que cada cual, desde una noche antes del partido, ya tenga su equipación e intensifique su conexión emocional.

Antes de llegar a ese hermoso momento de entrega de camisetas, les propuse varias dinámicas de equipo. Actividades para conectar con nuestro propósito y buscar entre nuestros recursos cuáles podemos usar para optimizar el rendimiento. Finalmente, entre todos concretamos qué plan pondremos en práctica el día del partido. Este tipo de dinámicas las desarrollo de la misma manera con empresas, y la riqueza que se extrae de las mismas, en cuanto a claridad y enfoque por parte de todos los integrantes del equipo, es verdaderamente enorme. El nivel de activación y compromiso cambia por completo. Hay más talento del que imaginamos en cada miembro de nuestro equipo, pero pocas veces se les ayuda a brillar y ese talento muere en el silencio de conversaciones que nunca se tuvieron.

Al acabar las dinámicas les pedí compartir a qué aprendizajes habían llegado. Tras unos segundos de silencio, uno de los jugadores, quizás uno de los más carismáticos que ha pasado por la selección mexicana de rugby desde que yo soy su entrenador, José Raúl Reyes, "el Menón", quiso intervenir:

"Creo que mañana debemos ser invencibles. Ser invencibles no es no perder. Ser invencible es no dejarse ganar.

Fallar un placaje está permitido. Hasta en el más alto nivel se fallan placajes. Pero levantarte de inmediato del césped, con la cara llena de barro y sangre, e ir a placar a ese jugador de nuevo una y otra vez, una y otra vez, y una vez más… eso es innegociable, pues eso sí está al alcance de cualquiera, pero muy pocos están dispuestos a entregarse de esa manera. Eso es ser invencible.

Tener ya el partido prácticamente ganado y esforzarnos a nuestro máximo nivel de exigencia hasta el pitido final, sin relajarnos ni acomodarnos ni un solo segundo a pesar de la victoria y seguir luchando para romper nuestro límite, eso… eso es ser invencible".

La sala del hotel donde estábamos teniendo la junta ensordeció por completo. Se podía percibir la tensión en la mirada de cada jugador hacia el Menón, mientras explicaba el concepto de ser invencible.

José Raúl había sido internacional también con la selección mexicana de fútbol americano y de halterofilia. Era uno de aquellos jugadores que jamás querrías tener en el equipo contrario y que adorarías tener en el tuyo. Se convirtió en un jugador titular indiscutible durante los siguientes cuatro años en la selección. Seguro que muchos de sus rivales aún le recuerdan por su dureza física.

Yo le recuerdo especialmente por ser un jugador con ese "factor X" que inspiraba y contagiaba al resto del equipo por la manera en la que hacía las cosas.

Aquel partido contra Jamaica fue tan duro como esperábamos. Especialmente la primera parte. Poco a poco los jugadores fueron capaces de imponer el orden en el juego y se volcaron en hacer las cosas desde el compromiso total.

Finalmente ganamos. Aquella victoria fue una de las primeras en la vertiginosa aventura que supone crecer desde la posición número 76 del *ranking* mundial en 2013 a la posición 43 actual, siendo uno de los crecimientos más rápidos en la historia del rugby.

Fue una gran lección la de aquella noche en Kingston. Esa palabra se convirtió en una especie de mantra. Muchos jugadores se la escribían en algún vendaje para conectar con ello durante la épica labor que supone jugar un partido de rugby. Otros se la llegaron a tatuar en su cuerpo. Pasó a ser una especie de botón interruptor que nos conectaba con nosotros mismos para adoptar cada uno el compromiso de la más alta exigencia y férrea actitud.

**Invencible.**

# Capítulo 4
## Tu compromiso determina tu éxito

*El logro de tu meta está asegurada en el momento en que te comprometes con ella.*

Mack R. Douglas.

La segunda parte del método PAR es la A: rediseña tus acciones.

La actitud de actuar constantemente desde esa invencibilidad marca por completo la diferencia en tu trabajo y en tu vida. Hacer las cosas con ese compromiso constante de competir para ganarte a ti mismo te lleva irremediablemente a unos resultados asombrosos en tu entorno laboral y en tu día a día como ser humano. Pero ahí no acaba su repercusión; el resto de las personas que tienen la fortuna de ver cómo haces las cosas también se ven beneficiadas, inspiradas… y eso es lo que realmente marca la diferencia.

Tenemos siempre la oportunidad de elegir hacer las cosas desde tres lugares:

- Desde la irresponsabilidad: no hago lo que sé que tengo que hacer.
- Desde la responsabilidad: hago lo que sé que tengo que hacer.

- Desde el compromiso: hago lo que sé que tengo que hacer y lo hago con un sentido brutal de servicio. Aunque sea lavar platos.

Y es que, como escuché a Sergio Fernández comentar, el peligro más recurrente es hacer las cosas desde la responsabilidad, porque ahí es cuando vivimos en un estado complaciente de vida pensando que estamos cumpliendo con lo que se nos pide, deteniéndonos ahí, pudiendo dar aún mucho más.

De hecho, creo que si todos en nuestro trabajo nos limitamos a esta manera de entender nuestra misión, estaríamos obrando como robots: haces lo que te piden y punto ¿Por qué no poner realmente un poco de alma en nuestro trabajo, independientemente de cuál sea este?

Cada trabajo es un entrenamiento que te permitirá ganar más partidos y subir de división más adelante si sabes usar toda esa experiencia. Así que no desaproveches ninguno de ellos para hacer todo lo que tengas que hacer, e incluso un poco más, actuando desde el compromiso total. Recuerda que solo podrás subir de división si eres merecedor de ello. Y jamás lo merecerás si cada partido de la vida lo juegas desde la mediocridad de la irresponsabilidad o la responsabilidad. No es suficiente. Has de comprometerte al 100 %.

# Tolera el fracaso para poder usarlo

Y ojo, no me refiero a no fallar. Podrás hacer las cosas desde el compromiso total y quizás no obtener el resultado esperado, al menos en el corto plazo. Y es que lo que aparentemente puede parecer un fracaso, es en realidad un gran tesoro que observar profundamente para extraer de él todos los aprendizajes posibles y poder implementar mejoras posteriormente.

Fallar es normal. De hecho es un ingrediente básico para poder alcanzar tu éxito. Hoy en día es muy común que las mejores universidades del mundo o las más exitosas compañías evalúen los fracasos de alguien en su proceso de selección. Cada año es normal que alguno de mis jugadores de la selección mexicana de rugby pidan ponerme como referencia cuando aplican para las mejores universidades y poder estudiar un máster en alguna de ellas. Cuando la universidad me contacta, algo que siempre me solicitan es explicar fracasos de la persona candidata y cómo se relacionó con esos fracasos. Quieren conocer a la persona fracasada y cómo usó ese evento para mejorar.

Hace tres años, la selección mexicana de rugby viajó a jugar contra Islas Caimán para la clasificación a lo que hubiera sido la tercera final consecutiva del Campeonato de *Rugby Americas North*. Por los resultados obtenidos previos a ese encuentro, parecía un partido muy asequible.

Durante la temporada en México acostumbramos a jugar con un clima soleado. De repente, nos encontramos en medio del partido contra Islas Caimán con una lluvia torrencial.

Caímos por 39-17, y con ello se esfumaron todas las posibilidades de soñar con levantar la copa de campeones de nuevo. No supimos jugar bajo ese escenario e Islas Caimán fue un justo ganador.

Sucede que la vida y el deporte nos visita de vez en cuando con un *reality check* bajo el brazo y te demuestra cuánto te falta aún por mejorar.

Y así era; aún nos quedaba —y nos queda— mucho por crecer. Pero de nosotros dependía permanecer más tiempo con los brazos cruzados, viviendo en la amargura de la derrota, una derrota que literalmente rompió momentáneamente al equipo. O podríamos analizar qué hicimos bien, qué podemos mejorar y cómo podríamos hacerlo para, si tuviéramos de nuevo el juego por delante, bajo las mismas condiciones, generar altas probabilidades de provocar un desarrollo del juego que nos condujera, como consecuencia, a la victoria.

Cuando las cosas salen bien o al menos se llega a los resultados esperados, tendemos a cubrir con una cortina de humo algunas carencias a las que que terminamos por no prestar atención y obviarlas sin atenderlas como es debido. La victoria es un gran impostor que con frecuencia frena el posible potencial que podríamos llegar a alcanzar. Debemos de ser más humildes, especialmente cuando las cosas van bien.

Pierdes cuando no prestas atención a las señales o indicadores que te suceden mientras juegas el partido de la vida. Aprendes cuando a pesar de las circunstancias adversas, las usas para ser hoy alguien mejor que ayer.

Fallar es natural y solo les sucede a aquellas personas que pasan a la acción, que se arriesgan. A veces se gana… y a veces se aprende. Pierdes cuando no actúas. Pierdes cuando no lo haces desde un compromiso total. Pierdes cuando no observas de frente a ese fracaso ni te levantas de nuevo una y otra vez hasta mejorar tu rendimiento, desde tu invencibilidad.

Se sabe que nuestro rendimiento depende por un lado de nuestro talento (recuerda la regla de las 10 000 horas para alcanzar la maestría en algo) y por otro, de nuestra actitud.

De muy poco sirve tener desarrolladas unas competencias o talentos si tu actitud es mala, o al menos no es la correcta.

Hace unos días desarrollé una sesión de *team coaching* con el equipo directivo de una de las diez mejores aseguradoras del mundo. En una de las conversaciones, el CEO comentó que hacía inmersiones a cierto nivel de complejidad a modo de *hobby*. En una ocasión quedó atrapado entre rocas (es un tipo bastante grande de tamaño), y a su vez se estaba quedando sin oxígeno bajo el agua. Nos contó que cuando hacen este tipo de inmersiones van en grupos de tres. En esa ocasión él iba el último.

Estuvo a punto de entrar en pánico, lo que a pesar de tener muchas habilidades desarrolladas y muy entrenadas, no le hubiera servido de mucho, pues en ese estado emocional seguramente no habría podido usarlas.

Aquel CEO siguió contándonos. Dijo: "Una actitud de calma y deseo me salvó la vida". Esto hizo que pudiera poner al servicio de su supervivencia todas esas competencias que había entrenado y adquirido.

Esa es la fuerza que tiene una actitud positiva. Es capaz de maximizar tu talento. Ese talento que tienes y has trabajado no sirve por sí solo. Imagina a un jugador de fútbol, a un *crack*. Seguramente tenga un talento de 9 sobre 10 en una escala de valoración de su remate a gol. El hecho de que su calificación sea de 9, no quiere decir que en todos los partidos vaya a usar todo su talento para ser valorado como un 9. Quizás un día use un 6, otro día un 8… ¡quizás un 4!

Lo que te quiero decir es que sí es cierto que todos tenemos talentos, y que nuestra misión es usarlos y entrenarlos a diario. Pero nuestro rendimiento no necesariamente será equivalente a nuestro talento.

El talento es algo vital, pero para ganar en aquello que te propongas, necesitas algo más que eso. Se requiere de aquel ingrediente que hace que uses el 100 % de ese talento que tienes y que has cultivado: la actitud, hacer las cosas desde el verdadero compromiso.

**Rendimiento = Talento x Actitud**

Si profundizamos un poco, ¿tu actitud de qué depende? Básicamente de tu motivación. ¿Y tu motivación? De tu propósito. Por tanto, usarás todo tu talento cuando salgas a jugar cada día con una buena actitud, y para ello necesitarás tener un propósito por el cual hacer las cosas a diario.

Echa un vistazo a esta secuencia:

**Propósito -> Motivación -> Actitud -> Talento -> Rendimiento**

¿Recuerdas los conceptos de macromotivación, micromotivación y propósito? ¿Ves cómo se conecta todo?

## Microvictorias diarias

Cuando esto sucede, verás que poco a poco empiezas a conseguir microvictorias en tu trabajo. No subestimes el tremendo poder que tienen los pequeños progresos diarios cuando le imprimes determinación y constancia.

Una mejora del 1 % puede parecer insignificante, pero cuando se acumula pronto empiezas a notar el progreso. Y pocas cosas nos aportan mayor satisfacción y felicidad en el trabajo que el sentido del progreso. Cuando esto ocurre, esa gran farmacia ambulante que tenemos en la cabeza, nuestro cerebro, comienza a liberar un batallón de dopamina por nuestra sangre, el neurotransmisor asociado a la motivación, al aprendizaje… al estado anímico.

Como consecuencia, mejoran tus niveles de felicidad en tu trabajo y muy probablemente en tu vida en general.

Lo que sucede es que muy pocas veces nos detenemos a tomar consciencia del progreso que vamos haciendo día tras día en nuestro entorno laboral. Nuestro cerebro está entrenado para solamente reconocer y celebrar las grandes "victorias". Un gran error. No digo que no haya que celebrar y reconocer los grandes logros. ¡Por supuesto que sí, y mucho!

Pero empecemos a entrenar nuestro cerebro a detectar también todos esos microresultados que suelen estar vinculados a los objetivos de proceso y de rendimiento, esas pequeñas mejoras marginales. Ser consciente de cada una de ellas te hará sentir vivo, útil y muy motivado para seguir. Esto tiene un poder enorme, ya que desde ese estado de progreso y felicidad puedes generar lo que en rugby llamamos *momentum*, que viene a ser algo así como la capacidad de generar una inercia favorable hacia tu objetivo.

Esa sensación de progreso te llevará, muy probablemente, a mayores avances. Tus días además serán mucho más productivos, enérgicos y cargados de mejores emociones y experiencias.

¿Qué tres cosas hice bien o de qué tres cosas estoy satisfecho el día de hoy en el trabajo? Esta debería ser una pregunta a hacernos cada jornada antes de irnos de la oficina.

El enfoque, compromiso y constancia en las microvictorias del 1 % te llevan a resultados asombrosos, manteniéndolas en el tiempo.

Si te dieran a elegir entre tres millones de dólares en efectivo ahora mismo o un penique que dobla su valor cada día durante 31 días, ¿qué elegirías? Muchos, de primeras, elegirían los tres millones ahora mismo. Y esa es una decisión válida, cualquiera lo es. Pero presta atención. Si yo elijo los tres millones y tú el penique duplicando su valor a diario, tú en cinco días tendrías dieciséis centavos. En diez días acumularías tan solo 5,12 dólares. Parece que te equivocaste de decisión, ¿no? Veamos qué pasa a continuación con algo de tiempo y esas microvictorias aparentemente invisibles pero constantes. A los veinte días yo sigo con los tres millones (¡si es que no los he gastado antes!) y tú tienes 5243 dólares. No parece mucho, ¿verdad? Y menos cuando estamos a tan solo once días de que se acabe la posibilidad de seguir incrementándose tu dinero.

Pues bien, el día 30, tú acumularás 5,3 millones de dólares. Y al finalizar los 31 días, tan solo un día después, tú tendrás 10 737 418, 24 dólares. El triple que yo.

Impactante, ¿verdad? Darren Hardy describió este fenómeno en su libro *El efecto compuesto*. Algo que define como la capacidad de cosechar grandes beneficios basados en una serie de pequeñas pero inteligentes decisiones que se mantienen a lo largo del tiempo.

Con este ejemplo te quiero hacer ver que microvictorias aparentemente insignificantes cuentan, y mucho. Que no esperemos solamente las macrovictorias como aquel gran motivo para ser felices. Abraza los pequeños avances, valóralos tanto en tu trabajo como en la vida, y recuerda que la mejor manera de hacer que esto suceda es actuando cada día desde un total compromiso, desde esa actitud que nos contó aquella noche de primavera en Kingston "el Menón" mientras, boquiabiertos, todos asentíamos con la cabeza.

En la acción se materializa el crecimiento. Tu crecimiento exterior nunca va a ser mayor que tu crecimiento interior. De hecho es un reflejo de él. Cuanto más hayas trabajado todo lo que hemos visto en la primera parte de este libro, más resultados materializados generarás en tu mundo exterior.

Aquel concepto de hacer las cosas mejor un 1 % podemos, además, vincularla a otro término que aprendí de Clive Woodward, entrenador de rugby, campeón del Mundo con Inglaterra en 2003. Un auténtico visionario en su momento por el estilo de *management* que introdujo en la *Rugby Football Union* (Unión Inglesa de Rugby). Clive Woodward fue el primer entrenador profesional a tiempo completo de la RFU. Hasta entonces, el rugby había sido amateur; es decir, ni jugadores ni entrenadores cobraban por jugar o entrenar rugby. Cada cual tenía sus trabajos y por las noches entrenaban con sus clubes. Los mejores llegaban a sus respectivas selecciones nacionales.

Woodward había dirigido varios negocios, y cuando fue contratado por la RFU trató de gestionar la selección inglesa de rugby siguiendo los principios que aprendió del *management* de empresas. Uno de los conceptos que aplicó fue "el punto crítico no esencial", el cual venía a decir algo así como no pretender hacer una cosa un 100 % mejor, sino hacer cien cosas un 1 % mejor cada vez. Pequeñas cosas mejoradas que al final, todas juntas, impactarán fuertemente en resultado final.

Te pondré un ejemplo de cómo Woodward aplicó esto a la selección inglesa campeona del mundo.

Hasta iniciado el nuevo milenio, al rugby se jugaba con unas camisetas normalmente de algodón, con cuello, tipo polos de manga larga y generalmente amplias. Tras hablar con varios jugadores, Woodward se dio cuenta de que algunos de sus jugadores más veloces y más ágiles, eran detenidos por el contrario por escasos centímetros. Los suficientes como para alcanzarles y placarles derribándoles al suelo. Esos centímetros "extra" de la camiseta eran agarrados por los dedos del rival debido a la holgura de la misma. Una vez tomada la camiseta podían aplicar más fuerza con las manos, hombros y brazos hasta que placaban al jugador. ¡Por los dedos! Por centímetros.

En aquel momento, a la selección inglesa de rugby la vestía Nike. Así que Woodward se reunió con ellos y les pidió cambiar el diseño de las camisetas de juego. El resultado fue un tipo de camiseta ajustada al cuerpo, con una tecnología que permitía el buen movimiento. Los beneficios fueron notables. Esos jugadores ágiles y rápidos ya no eran agarrados por los centímetros sobrantes de aquellas camisetas amplias. Si querían detenerles, deberían estar aún más cerca de ellos para poder usar los hombros, brazos y manos y así frenarles. Ese mundial que Inglaterra jugó con este tipo de camisetas de rugby fue el mundial que ganaron. El único hasta la fecha. A partir de entonces, prácticamente todos los clubes y selecciones del mundo empezaron a aplicar la misma tecnología para sus camisetas de rugby.

Cien cosas hechas un 1 % mejor.

¿Te imaginas hacer cien cosas un 1 % mejor desde una actitud de "invencible" en tu trabajo? Tu satisfacción y el impacto que tendrías serían exponenciales, como el de aquel penique.

La vida consiste en progresar, y no podemos ni debemos disociar el trabajo de nuestra vida. Es parte de ella. Recuerda que vas a pasar 80 000 horas trabajando. Una vida laboral repleta de microvictorias y avance te conducirá a grandes momentos de satisfacción. En eso consiste el famoso concepto de *kai zen*, compuesto por dos *kanjis* japoneses que significan "cambio" y "bueno". Dicho de otra manera, mejora constante. Y es que, si no estás mejorando, de alguna manera estás empeorando.

No esperes a que tu jefe te pida las cosas o a que un cliente lo haga. Anticípate. Muestra esa actitud de servicio desde la excelencia, con una garantía de calidad por el modo en el que haces tu trabajo, sea cual sea este. Esa garantía de calidad debe ser parte de tu estilo de vida. Haz siempre las cosas bien, desde el minuto uno.

Los grandes logros requieren de tiempo y de una dedicación invencible.

Quiero concluir este capítulo con la impresionante historia del bambú:

Cuando plantas sus semillas, debes armarte de paciencia y constancia, pues pasarán días, meses… y creerás que no ocurre nada. Es probable que te sientas tentado a dejar de abonarlas y cuidarlas al ver que las semillas no germinan. Pasarán incluso años, y no serás capaz de percibir la más mínima evolución de aquellas semillas que plantaste.

No abandones, sigue cultivando las semillas, no dejes de regarlas cada jornada con constancia y mucha paciencia.

Un buen día, cuando menos te lo esperes, te sorprenderás al ver que aquel bambú, por fin, habrá crecido. Y no solo eso, sino que la planta alcanzará, aproximadamente, una altura de treinta metros en tan solo seis semanas.

¿Cómo pudo el bambú tardar siete años en germinar y en apenas seis semanas crecer tanto y tan rápido?

Durante todos esos años de aparente inactividad, el bambú estaba creciendo bajo tierra, primero en lo "invisible", para luego crecer en la superficie, en lo "visible".

Aquella planta estaba construyendo unas fuertes raíces que le permitirían después sostener el enorme crecimiento que iba a tener.

Esta historia sobre el bambú nos deja varios aprendizajes:

- Los grandes resultados y logros exponenciales requieren de tiempo y preparación. Como las raíces del bambú, trabajando a diario para ser capaces de soportar su posterior gran resultado. ¿Cuánto te preparas tú realmente en tu día a día para ser más y entonces ofrecer más al mundo? Lee, acude a conferencias, seminarios, audiolibros… aprende. Usa todo trabajo por el que pases como una gran experiencia que no deje indiferente a nadie por tu manera de hacer las cosas, pero que tampoco te deje indiferente a ti por los aprendizajes que de él saques. Estarás desarrollando tus raíces bajo tierra para poder ser capaz de sostener tu crecimiento más adelante.

- La paciencia es una gran maestra. Si la perdemos, tiraremos por la borda el potencial resultado que podríamos llegar a obtener. Estamos actualmente acostumbrados a conseguir lo que queremos y de una manera muy rápida. Abraza la paciencia de una manera activa, es decir, acompañada de constante trabajo y entrega. Verás los resultados con el tiempo. Nada que merezca la pena va a suceder de la noche a la mañana.

Has de estar dispuesto a pagar el precio que exige tu **sueño titánico**. Comprométete al 100 % con él a diario.

*La persistencia es lo que hace posible lo imposible, lo posible probable y lo probable seguro…*

Robert Half

**Rediseña tus acciones. Sé invencible.**

# PARTE 3
# REDISEÑA TUS RELACIONES

# Capítulo 5
## Da a tu equipo más de lo que tu equipo espera de ti



En el año 2014 fuimos al Caribe a jugar con la selección contra Bahamas. Nunca habíamos ganado a Bahamas. Normalmente, el día de un partido internacional seguimos un protocolo muy parecido. Por la mañana nos levantamos temprano para hacer una activación física y mental, y de ahí vamos directos a desayunar.

Aquella mañana en Bahamas fuimos a la playa a la activación previa al desayuno. Hicimos varios ejercicios de entrada en calor, estiramiento, coordinación, toma de decisiones, y acabamos con algunos ejercicios de reacción, para preparar el sistema nervioso desde el inicio del día.

En la última repetición de ese ejercicio de reacción, el capitán de la selección mexicana de rugby, Max Douek, se desgarró la ingle. Estábamos a unas horas de aquel partido internacional y una de las piezas clave del equipo parecía que no iba a poder jugar. Todo indicaba que perdíamos al alma de la selección. Una selección, además, muy joven y que necesitaba de cierto liderazgo dentro del campo de juego. Max era ese líder que el equipo necesitaba.

El médico le estuvo revisando. No era muy optimista pero no le descartaba al 100 % para jugar. Así que tomamos la decisión de que entrara en calor más tarde con el equipo, y en función de sus sensaciones veríamos qué posibilidades había de que jugase.

Pasaron las horas. Seguimos nuestras rutinas prepartido, y por fin llegó la hora del calentamiento. Cuando estábamos a unos veinte minutos del inicio del partido había que tomar la decisión. Me acerqué a Max y le pregunté. Me miró, y muy tranquilo y me dijo: "¿Sabes qué? Si me rompo, me rompo jugando".

Así que comenzó a vendarse y nosotros terminamos de rellenar lista oficial del partido internacional Bahamas *vs* México.

Te puedo asegurar que me esperaba aquella respuesta de Max. Lo que no me esperaba era lo que iba a pasar a continuación.

Antes de acabar la primera parte, Max se quedó tumbado en el suelo con las manos en el pecho. Se levantó y siguió jugando. Le sucedió lo mismo en la segunda parte, pero Max continuó luchando junto a su equipo para sacar ese partido adelante costase lo que costase.

Faltando diez minutos para el final, lo cambié por otro jugador. Max no me lo pidió, fui yo quien tomó esa decisión.

A los cuatro días tras llegar a Ciudad de México, Max me llamó. Había ido al médico. Las pruebas indicaban que además de los desgarros, tenía dos costillas rotas. Aquel capitán había jugado un partido de rugby, un deporte de combate dantesco, de máximo desafío físico, con la ingle desagarrada y dos costillas rotas. Y aun así, fui yo quien le tuvo que sacar del campo.

Desde entonces, dentro de la selección mexicana de rugby definimos la generosidad como dar al equipo más de lo que el equipo espera de ti.

A esa persona que se entrega de manera heroica lo considero un jugador de equipo superlativo. Yo lo llamo: GIVER 2.0.

Aquel partido contra Bahamas se ganó haciendo historia… y nos dejó un hermoso aprendizaje de vida para construir equipos de alto rendimiento.

# Capítulo 6

## Cómo convertirte en un GIVER 2.0 y fortalecer tu entorno de trabajo

*La generosidad no consiste en que me des algo que yo necesito más que tú, sino en darme algo que tú necesitas más que yo.*

Khalil Gibran

El tercer componente de la metodología PAR es la R: Rediseñar nuestras relaciones.

Y estas relaciones van en dos sentidos. Con nosotros mismos primero que nada, y con el resto de las personas, entre ellas tus compañeros de trabajo, después.

## ¿Qué tan bien te relacionas contigo mismo?

Has de considerar que tus relaciones con las personas dentro de ese entorno de trabajo no crecerán mientras no crezca la relación que tienes contigo. Eres el mayor proyecto de tu vida, por tanto comienza a revisar qué tan bien te tratas y te cuidas. En todos los planos. Para mí, son importantes los siguientes:

- Mental (cuidado de tus pensamientos, emociones): según los expertos, cada día rondan por nuestra cabeza cerca de sesenta mil pensamientos. Lo que realmente preocupa es que una gran parte de estos pensamientos sean de carácter negativo, y además muchos de ellos estén vinculados con tu pasado. ¿Recuerdas como iba la secuencia?

**Pensamientos -> emociones -> acciones -> hábitos -> resultados.**

La buena noticia es que solo tú eres dueño de esos pensamientos y en cierto modo los puedes controlar. Pero para ello debes de amplificar tu nivel de consciencia y sorprenderte a ti mismo cada vez que estés pensando algo negativo. Cuestionarte por qué estás pensando lo que estás pensando y plantearte si es cierto eso que piensas o es una suposición. Valora si te lleva a algún lugar mejor que en el que estás ahora mismo. Si no es así, identifica por qué otro pensamiento podrías cambiarlo que te ayudase de mejor manera en la situación en la que estés.

Establecer este nuevo modo de reflexionar ante pensamientos negativos podrá, con el tiempo, ir rompiendo esas conexiones neuronales.

Pasa de ser una víctima de tus pensamientos a ser un líder, controlándolos para crear ese tipo de pensamientos que te ayuden a alcanzar los objetivos que te hayas marcado y provocar experiencias de vida enriquecedoras para ti, tanto personales como profesionales.

¿Qué clase de pensamientos tienes día a día en el trabajo? ¿Cuál es tu diálogo interno sobre todo cuanto te sucede? ¿Es eso real o son suposiciones? ¿Cómo te hablas?

- Espiritual (definir y cuidar tu significado existencial): algunos estudios que se han hecho acerca del impacto de la espiritualidad (sea de la naturaleza que sea y en lo que cada uno crea) sobre la salud mental, comprueban que este factor espiritual está muy vinculado a un descenso de los niveles de depresión. Algún dato que se arroja de los estudios es que aquellas personas con una fuerte presencia de la espiritualidad en sus vidas, reducen en un 38 % los niveles de depresión con respecto a las personas que no le atribuyen esa importancia en sus vidas.

  Temas relacionados con la pérdida de esperanza, baja autoestima, etc., tendían a ser  menores en las personas con un factor de espiritualidad importante.

  Sea lo que sea aquello en lo que creas, darle un significado existencial a tu vida tiene un fuerte impacto sobre tu salud mental.

- Físico (cuidado de tu cuerpo): según el informe *Online Nation,* usamos internet una media de tres horas y quince minutos por día. Si echamos cuentas, eso suma cincuenta días al año metido en internet o haciendo uso de las redes sociales. Cada vez hay más sedentarismo, más obesidad, y como consecuencia, más diabetes, una de las primeras causas de muerte en el mundo. A su vez, se sabe que treinta minutos de ejercicio físico al día, cinco días a la semana, tienen efectos muy beneficiosos para el cuerpo, lo que ayuda en la lucha contra la obesidad. Y no solo eso: a nivel mental, esta actividad física tiene efectos similares a los antidepresivos. Esos 150 minutos semanales son cruciales: pueden alargar el tiempo de tu vida y ensanchan la calidad de la misma.

## Las buenas relaciones con otros hará de tu vida una buena vida

No podrás dar a otros nada que tú primero no tengas. Y si la relación que tienes contigo es importante, también lo es la que tienes con el resto de las personas a tu alrededor.

Te recomiendo que veas una charla TEDx de Robert Waldinger titulada: *What makes a good life? Lessons from the longest study on happiness.*

Robert Waldinger comparte algunos datos bastante relevantes del estudio más largo y más profundo que se ha hecho para averiguar cuáles son aquellos factores que hacen que una vida sea una buena vida.

Comenta que a los *millennials* se les preguntó cuáles eran los principales objetivos de sus vidas, y más del 80 % de los entrevistados respondieron que querían llegar a ser ricos. El siguiente objetivo más relevante que arrojaba la encuesta era ser famosos. ¿Es esto lo que debemos perseguir para tener una buena vida?

Este estudio, *The Harvard Study of Adult Development* monitoreó vidas enteras durante 75 años, desde la adolescencia hasta la vejez, para averiguar qué es lo que realmente mantenía a las 724 personas monitoreadas felices y saludables.

El resultado de este impresionante estudio era muy determinante y concreto: las buenas relaciones en nuestra vida es lo que más nos ayuda a mantenernos felices y saludables. Punto.

Tres fueron las principales conclusiones:

1.  Las conexiones sociales son vitales para nosotros. Las personas bien conectadas son más felices, más sanas y viven más años. La soledad o sensación de soledad, mata.

2.  No es el número de conexiones sociales lo que importa, sino la calidad de las mismas. Malas relaciones sentimentales o simplemente pobres en afecto, impactan más a la salud que el divorcio. Las personas que a los 50 años tenían mejores relaciones o conexiones sociales, eran las más saludables a los 80.

3.  Las buenas relaciones no solo protegen nuestros cuerpos, sino que también protegen nuestros cerebros en términos de calidad de la memoria. En este sentido, la relación no consiste en estar siempre felices, sino en saber que pueden contar con la otra persona al 100 %.

Como los *millennials*, esas 724 personas en su juventud creían también que ser famosos y ricos era lo que necesitaban perseguir para tener una buena vida. Sin embargo una y otra vez durante esos 75 años de estudios, se comprobó que aquellas personas a quienes les fue mejor en la vida, fueron las que tuvieron grandes relaciones y conexiones con familiares, amigos o con la comunidad.

¿Entiendes por qué son tan importantes tus relaciones?

## A mejores relaciones en el trabajo, mayor energía, productividad y felicidad

Aunque quizás no las identifiques como muy importantes, son tremendamente relevantes e impactantes para tu vida y tu felicidad tus relaciones dentro del entorno laboral. Principalmente porque es cada vez más difícil hacer, tener o mantener buenos amigos fuera de este entorno de trabajo, ya que al margen de este, la mayor parte del tiempo lo dedicamos a nuestra familia o a temas personales y nos queda muy poco tiempo para otro tipo de relaciones en otros ambientes.

Por tanto, muchas veces la gente con la que compartimos esas 80 000 horas de trabajo puede jugar un papel fundamental en nuestra manera de vivir nuestros días. Y como nuestros días son nuestra vida en miniatura, estas relaciones tendrán un fuerte impacto en la calidad de nuestra vida.

De hecho, tener buenos amigos en el trabajo, según la Universidad de Berkeley, genera:

- Más felicidad

- Mejor salud

- Multiplica por siete el compromiso en el trabajo

- Aumenta la productividad

La mejor manera de rediseñar tus relaciones en el trabajo es convertirte en un GIVER 2.0.

Alguien que es capaz de dar al equipo más de lo que el equipo espera de él.

¿Qué es lo que sucede cuando alguien está dispuesto a jugar un partido de rugby internacional con la ingle desgarrada y dos costillas rotas, como hizo Max? Que se incrementa exponencialmente la confianza en esa persona por parte de todo el equipo.

Según un estudio de Paul J. Zal, de la Claremont Graduate University, la confianza origina:

- Aumento en un 106 % de la energía en el trabajo.

- Aumento del 76 % del compromiso hacia el trabajo.

- Aumento del 50 % en la productividad.

- Aumento del 56% de la satisfacción con su trabajo, de su felicidad en el entorno laboral.

- …y no solo en el trabajo. El estudio concluía que además aumentaba en un 29 % la satisfacción con la vida fuera del trabajo.

¿Entiendes ahora la importancia y el papel que juegas en tu trabajo? Sin importar tu profesión, puedes entregarte a tu trabajo con una generosidad desmesurada. Es vital para llegar a ser un GIVER 2.0.

Algo que no puede faltarte jamás en la construcción de ese GIVER 2.0 es tu integridad, pues es la base sobre la cual se empieza a edificar la confianza.

Pero, ¿qué es la integridad? Esta consiste en alinear tu audio con tu vídeo. Es decir, que lo que digas vaya empatado con lo que después llevas a la acción. Cuando esto sucede, las personas saben que pueden confiar en ti.

Steven Covey, autor del maravilloso libro *Los siete hábitos de la gente altamente efectiva*, comentó sobre la integridad:

*"Si trato de usar estrategias y técnicas para lograr que otros hagan lo que quiero, que trabajen mejor, que se motiven más, que me quieran y se quieran entre sí, mientras mi carácter es fundamentalmente malo, marcado por la duplicidad y la falta de sinceridad, no puedo tener éxito. Mi doble mensaje fomentará la desconfianza; todo lo que haga, incluso usar las llamadas tácticas de relaciones humanas, se percibirá como manipulación.*

*Sencillamente no hay ninguna diferencia entre lo buena que sea la retórica o incluso lo buenas que sean las intenciones; si hay poco o nada de confianza, no habrá cimiento ni éxito permanente".*

Tu integridad nace de tu decisión de serlo. Y no únicamente en los grandes momentos, sino en la acumulación de las pequeñas oportunidades que reclaman esa integridad. Esto implica revisar tu código moral básico y que este te guíe en esos momentos de decisión y en tus acciones.

Regresando a las formaciones con la Escuela de Guerra del Ejército Español en su centro docente militar, el teniente coronel Agustín Carreño nos decía: "Hay que abandonar el "guta o no guta" de los bebés y pasar al "debo o no debo" de los adultos. Y creo que esa es, en parte, la base de la integridad. Actuar en relación al "deber ser" antes que a lo que te "gutaría" en ese momento».

Cuando tienes esa claridad interior, serás capaz entonces de proyectarte hacia fuera, hacia el exterior y sumar o multiplicar en tus relaciones con los miembros de tu familia y de tu equipo.

Como sabes, trabajar en equipo es vital para alcanzar grandes resultados, pero a la vez es sumamente difícil de conseguir: se mezclan intereses particulares individuales que a veces se sobreponen a los de la organización o a los del equipo de trabajo en concreto.

Renuncia a tu papel de crítico y conviértete en un modelo a seguir.

El ego de cada cual suele ser parte y arte del bloqueo en la fluidez de tareas y consecución de objetivos dentro de los equipos.

¿Qué tipo de "jugador" eres en tu trabajo? ¿Aquel que solamente se encierra en sus inquietudes y en su ego, o alguien que se aferra con integridad a su código de moral, y actúa con generosidad priorizando el "debo" al "guta"?

## Habilidades de un *GIVER* 2.0

Te propongo que a partir de ahora te conviertas cada día en tu trabajo en un CIO. Sí, has leído bien, un CIO, no un CEO. Mientras que un CEO es un *Chief Executive Officer* que te otorga la empresa, un CIO es un *Chief Inspirational Officer,* y te lo otorgas tú mismo. Bueno, has de merecerlo día tras día. Consiste en ser una persona encargada de inspirar, jornada tras jornada, a todo su entorno en el trabajo, por cómo hace las cosas, por su entusiasmo, por su propósito y por su compromiso. Por su generosidad para dar a su equipo más de lo que su equipo espera de él y por su humildad para reconocer que no tiene todas las soluciones y dejarse ayudar.

### Brilla y haz brillar

El camino para convertirte en un *GIVER* 2.0 en tu entorno laboral, y obviamente en cualquier otro contexto, consiste en tratar a tus compañeros como seres humanos antes que nada. En la selección mexicana de rugby tenemos dentro del *staff* un principio sobre el que nos basamos a la hora de tratar de los jugadores. Partimos de la idea de que entrenamos a jugadores de rugby, pero antes que eso son deportistas y mucho antes que eso son seres humanos. Queremos recordar siempre con esto el valor de cada persona. Cada uno de ellos con sus sueños, sus inquietudes, sus creencias, sus problemas, sus miedos, su escenario de vida, sus anhelos…

Acércate al corazón de cada uno de tus compañeros de trabajo. Interésate por ellos, pues todos son seres humanos a los que puedes aportar y de quienes puedes recibir tú también apoyo. Ten ese factor humano siempre en mente e incluso mírales como quienes pueden llegar a ser, aunque aún no lo sean. Esa mirada especial hacia ellos te aseguro que puede hacer que esas personas de tu entorno laboral expandan su potencial. Cree en ellas incluso antes de que ellas lo hagan, pues esto además generará un fuerte lazo afectivo entre vosotros. Pero créelo desde el corazón, y para ello deberás dejar a un lado un gran manipulador: tu ego.

Conviértete en un "escuchador profesional", esto es, pon todo el foco de atención en el otro y no en ti. Sucede con frecuencia que cuando conversamos y la otra persona es la que habla, poco a poco vamos desconectando. Bien porque cogemos el móvil para ver alguna notificación, o bien porque lo que nos está diciendo no nos cuadra y empezamos a tener un diálogo interno de juicio con nosotros mismos en lugar de prestar atención real a quien nos habla. No juzgues, solo escucha. La persona importante cuando escuchas es el otro, no tú. Mírale a los ojos, pregúntale más y no le interrumpas. Crea una fuerte conexión emocional a lo que esa persona está sintiendo. Esta es la mejor manera de mostrar respeto e interés real por con quien conversas. Se llega a tener una mayor y mejor información del tema que se está tratando y es una de las mejores formas de construir fuertes relaciones personales. Conecta de verdad con las personas. Busca primero comprender y luego ser comprendido. Escucha con el corazón.

Un *GIVER* 2.0, además, es aquel que expresa gratitud y reconoce al resto de sus compañeros. Gratitud y reconocimiento van muy de la mano, pues para llegar a agradecer a alguien primero has de reconocer algo en esa persona. Y esto requiere del ejercicio de observar a las personas desde un enfoque de abundancia. De ver lo que sí tienen y abandonar por un rato esa persona crítica que solemos ser, desde la que solo vemos lo malo de la gente, lo cual nos influye —y mucho— en la manera de relacionarnos con ellas, ya que en nuestra imagen mental y desde nuestras emociones proyectamos todo eso que no nos gusta. Es más: párate a pensar qué tienes tú de eso que criticas, pues según la ley del espejo, el origen de nuestros sentimientos negativos hacia una persona está en nuestro corazón y no en la otra persona.

Trata de calibrar tu escáner de personas y conviértelo en un escáner de superhéroes. ¿Qué quiero decir con esto? Que cambies de observador. Que dejes de ser esa persona crítica que etiqueta con frecuencia a la gente y que comiences a ver a la gente como superhéroes. Deja de poner el foco en ti de manera constante y aprende a observar de manera diferente a aquellas personas con las que te rodees. Todos tenemos una historia por detrás. Una historia de superación, de dolor, de crecimiento, de pérdidas, de resiliencia, de pequeños y grandes logros… y como consecuencia, somos lo que somos. No sabes lo que hay exactamente detrás de cada persona, pero lo que sí es evidente es que para llegar hasta donde haya llegado cada cual y ser quien es, ha vivido cosas tan extraordinarias como para contemplarles como superhéroes. Así que saca más a menudo a la luz en el trabajo ese escáner y contémplales desde esa posición; ya verás cómo empiezas a reconocer en ellos cosas que antes no percibías. Cosas buenas. Cuando te suceda esto, compártelo, házselo saber a esa persona. Reconócele todo aquello que aprecias de él o de ella.

Agradécele por ello. Creo que hemos dejado de realizar este gesto tan humano como el agradecimiento y más aún en el entorno laboral, donde como a cada cual le pagan por hacer lo que hace, damos por hecho que todo lo que esa persona realice es parte de su descripción de trabajo y por tanto no hay que agradecer. Al contrario, sé generoso en tu agradecimiento, en tu manera de reconocer a las personas de tu entorno por la manera de ser que tienen y por hacer lo que hacen. Pero agradece de corazón. Te vas a ayudar a ti por este hermoso gesto tan humano y vas a ayudar a quien le entregas ese regalo. Agradece las pequeñas cosas, es una manera de valorar el tesoro que hay en ellas. Con mucha frecuencia verás que las personas más grandes son a su vez las más agradecidas.

Sé humilde para poder cambiar de observador, y también sé humilde para recibir tú agradecimientos y reconocimientos cuando la ocasión lo requiera.

Ayuda a tus compañeros. Pero ayuda no solamente cuanto te convenga o cuando te "sobre". Ayuda cuando el otro lo necesita. Como canta Alejandro Sanz, "dar solamente aquello que te sobra nunca fue compartir sino dar limosna…". A la hora de ayudar sucede lo mismo. Ese es el concepto de generosidad que te contaba de Max cuando jugó un partido de rugby con la ingle desgarrada y dos costillas rotas. Entrega más, ayuda más a tus compañeros, a tu equipo. Aunque esto signifique a veces dejar tú de hacer algo o posponerlo para aportar ese valor extra cuando la ocasión lo requiera.

*Existe una ambición más noble que solamente llegar a ser grande en el mundo. Es agacharse y levantar a la humanidad para que ella sea más grande aún.*

Henry Van Dyke

En mi propia experiencia como director de alto rendimiento y de formación en la Federación Mexicana de Rugby, además de entrenar a tres de las selecciones nacionales, me encontré en numerosas ocasiones con un volumen de trabajo muy elevado. A su vez, Berti, quien era el CEO de la Federación y un gran amigo con quien además compartí piso durante tres años, demandaba una calidad y cantidad de entrega brutal. Claro que esta manera de hacer las cosas es parte de su esencia, pues todo lo que él mismo hace tiene ese distintivo cualitativo de excelencia. Todo esto, unido a mi afán de perfeccionismo, llegaba a veces a desbordarme y en algún caso a bloquearme.

Cuando esto ocurría, Berti siempre actuaba igual. Entraba en mi oficina y comenzaba paso a paso a repasar cualquier proyecto, cualquier duda, hasta ver el más mínimo detalle donde yo estaba atascado. Se «remangaba» y juntos lo íbamos avanzando poco a poco. A veces aquellas reuniones de trabajo duraban horas. Cuando acabábamos, él volvía a su oficina. Había empleado gran parte de su jornada en ayudarme y actuaba de la misma manera con todos los colaboradores de la Federación. Lo que ya la gran mayoría de las personas no veía y quizás nunca supo, es que Berti seguía trabajando en casa hasta muy altas horas de la madrugada para sacar la tremenda demanda de trabajo suyo que había dejado pendiente sin hacer, por ayudar a todo el equipo de trabajo. Eso es dar. Eso es ayudar. Eso es generosidad de la buena. Eso es dar a tu equipo más de lo que tu equipo espera de ti.

Eso es ser un *GIVER* 2.0.

Cuando todo esto sucede y te entregas desde esta generosidad, además de potenciarse la confianza por parte de todos aquellos que están a tu alrededor, de nuevo esa farmacia ambulante que tenemos en la cabeza se pone a funcionar y produce oxitocina, el neurotransmisor asociado a las relaciones, al amor. Este es capaz de generar lazos afectivos muy fuertes para trabajar por una meta común gracias a esa placentera sensación de pertenencia y seguridad, que incluso en los escenarios laborales más complicados puede impactar muy favorablemente en el grado de felicidad.

Es importante que reconozcas a todos los miembros por igual. Que tengas en cuenta a todas las personas del equipo. Una persona muy vinculada al alto rendimiento deportivo me contó en una ocasión que José Mourinho, posiblemente uno de los mejores entrenadores del mundo, tras una gira de verano en pretemporada, cuando regresaron a Madrid, fue a buscar al encargado de mantenimiento del césped de la ciudad deportiva donde entrena el Real Madrid y le regaló uno de los trofeos conseguidos en la gira. Con este gesto, el técnico quería mostrar su reconocimiento y agradecimiento por esa labor tan importante de hacer que la calidad del terreno donde se entrenan todos los días estuviera en las mejores condiciones posible. Como sabes, el rendimiento de cada partido es directamente proporcional al rendimiento en tu entrenamiento diario. Un responsable de mantenimiento del césped rara vez es valorado y menos aún por el técnico de uno de los mejores equipos del mundo del fútbol.

Todo comienza y acaba en el corazón. Hoy se sabe que el componente magnético del corazón es aproximadamente cinco mil veces más fuerte que el campo magnético del cerebro. Según experimentos llevados a cabo en el Instituto Heart Math, se ha comprobado que el campo electromagnético del corazón puede transmitir información entre las personas. Llegaron a medir intercambio de energía cardíaca entre individuos separados hasta por metro y medio de distancia. Impresionante, ¿verdad?

Somos seres sociales por naturaleza. Por tanto, convertirte en ese *GIVER 2.0* en tu entorno laboral no es que sea importante, sino que es vital para transitar por esas 80 000 horas de trabajo, colmando cada una de ellas de ricas experiencias, alegría y productividad, tanto individual como colectiva.

Hace poco leía que al final de nuestros días lo único que necesitaremos serán dos metros de tierra. Allí no nos podremos llevar nada de lo material que tenemos en esta vida, nadie. Por tanto, lo que realmente importará llegado ese momento, serán las experiencias de vida que habremos vivido y todo lo que hayamos sido capaces de trascender en las personas con las que hayamos compartido, aunque sea un pedacito de vida, uno de aquellos trayectos entre parada y parada subidos en el tren de nuestras vidas.

*Un hombre del pueblo de Neguá, en la costa de Colombia, pudo subir al cielo. A la vuelta, contó. Dijo que había contemplado, desde allá arriba, la vida humana. Y dijo que somos un mar de fueguitos. Cada persona brilla con luz propia entre todas las demás. No hay dos fueguitos iguales. Hay fuegos grandes y fuegos chicos y fuegos de todos los colores. Hay gente de fuego sereno, que ni se entera del viento, y gente de fuego loco, que llena el aire de chispas. Algunos fuegos, fuegos bobos, no alumbran ni queman; pero otros arden la vida con tantas ganas que no se puede mirarlos sin parpadear, y quien se acerca, se enciende.*

Eduardo Galeano
*El libro de los abrazos*

Arde, préndete fuego y haz brillar a los pasajeros de tu vagón, en todas las paradas, a lo largo de todo el trayecto… hasta el final de los finales.

Deja a la gente mejor que como la encontraste.

**Rediseña tus relaciones. Sé un GIVER 2.0.**

# Capítulo 7
## Te queda poco tiempo

*Sin tiempo no hay futuro, pero con tiempo puedes perderte el presente.*

Frank Sinatra

Para finalizar este libro, una vez que ya hemos recorrido el método PAR juntos, quiero compartirte dos ideas finales además de invitarte a que descargues completamente gratis mi libro electrónico *Tres claves para conectar con tu propósito*, con actividades y ejercicios prácticos para que puedas comenzar a trabajar algunos de los temas que hemos tratado en el libro:

www.rubenduque.com/ebook

En cuanto a las dos ideas finales, una de ellas te la comparto a través de una carta que les escribí a mis jugadores de la selección mexicana tras un torneo, y la otra mediante una experiencia de vida, donde precisamente casi la pierdo.

## Una carta para recordar

El último torneo *Rugby Americas North* para menores de diecinueve años que se disputó en Ciudad de México lo ganamos de una manera contundente, incluyendo la final contra Estados Unidos del Sur. Se rompía de ese modo el dominio de los estadounidenses de los últimos dos años sobre nosotros.

La semana posterior a la final quise escribir una carta a los jugadores. Un escrito que concentrase una serie de mensajes que pretendía que tuvieran siempre en mente y pudieran recordar con la mayor frecuencia posible. Un mensaje escrito desde el corazón. Un mensaje para sus vidas.

Quiero compartírtelo a ti, deseando que, como a mis jugadores, sea de utilidad para la tuya.

> Tres partidos, tres victorias. Ciento sesenta puntos a favor y treinta y ocho en contra. Veintitrés sesiones de entrenamiento en catorce días. Veinticuatro jugadores que representan a miles de jugadores mexicanos. Seis personas de staff técnico. Decenas y decenas de recuerdos. Algunos lindos y otros no tan hermosos, pero necesarios al fin y al cabo.

> Una medalla de oro. Campeones del torneo Rugby Américas North.

> Os sigo aplaudiendo con desmesurada admiración como en aquella foto. Fuisteis intratables, invencibles. Felicidades. Recordad que ser invencible no es no perder, sino tener el carácter en todo momento y la férrea voluntad de no dejarse ganar, y eso solamente depende de ti.

Nada de esto hubiera ocurrido si antes de tener la medalla colgada, no la hubierais soñado, no la hubierais sentido, y por supuesto, si no os hubierais preparado para ser merecedores de ella.

Siempre debemos de comenzar nuestro día, nuestro trabajo, con un objetivo en mente que nos apasione, inspire y guíe por el camino. Un sueño que proporcione dirección y sentido a todo nuestro esfuerzo. A veces se consiguen los premios que se sueñan, otras veces no. Pero siempre has de merecerlo por todas tus acciones diarias que vas acumulando. Por todo lo que dejas a un lado. Por tus razones, tus «porqués» o «para qués» personales.

¿Sabes? La medalla de oro que lucía radiante y hermosa en tu cuello el sábado, quizás la cuelgues en una pared para siempre. Alguno de ustedes quizás algún día la guarde en una caja y allí se llene de polvo junto a otras viejas cajas olvidadas, quién sabe. Lo único que es seguro es que, de alguna manera, esa medalla de oro siempre colgará de tu corazón, reluciente, por el hombre que llegaste a ser al perseguirla con hambre, constancia, determinación y resiliencia.

Soñarla te inspiró. Trabajar para conseguirla aumentó tus capacidades internas para siempre. Y no me refiero únicamente a las físicas, sino a aquellas que forjan tu carácter. Rompiste tu molde. Creciste.

Recuerda siempre, cuando contemples una cancha de rugby, mirar a cada una de las dos haches: la de la humildad y la de la honestidad, separadas entre sí por el campo de batalla en el medio. Allí donde se produce la magia de este hermoso deporte que tanto nos apasiona.

La humildad nos enseña que siempre debemos de respetar al contrario para jamás dejar de prepararnos al máximo. Cuando dejamos de respetar al rival, o cualquiera que sea tu reto en tu vida, dejamos de mejorar. Cuando esto sucede, pierdes de alguna manera, aunque llegases a  ganar el partido.

La otra hache es la de honestidad. Honestidad para armarte de valor, responsabilidad y hacer tu propia reflexión para sincerarte contigo mismo ante esta pregunta cuando abandones la cancha de rugby: ¿vacié mi tanque por completo para servir a la meta, al equipo y a cada miembro que lo compone?

Quizás, alguna vez, ese significado de una o de las dos haches no lo cumplas. Observa y aprende qué te dejaste por hacer para la siguiente vez ser un poco mejor. En eso consiste la vida y el rugby: en avanzar y moverte siempre hacia delante, en ser un 1 % siempre mejor… y en divertirte, respetando las reglas del juego y de la vida.

Sois campeones de Rugby Américas North. Bravo, muchachos. Disfrutadlo. Celebrad. Solo que no os acomodéis, no os conforméis. De nuevo, sed humildes. No caigáis en la mediocridad con la que nos engaña y nos seduce la victoria la mayoría de las veces, pues esta es una gran impostora que no nos muestra todo lo que nos queda aún por mejorar y por crecer.

Tenéis toda una vida por delante, como seres humanos y como hombres de rugby. Os debéis a la responsabilidad por tanto de elevar el rugby mexicano y dejarlo en una posición aún mejor de como lo encontrasteis. En breve estaréis algunos disputando otro torneo Rugby Américas North M19. Otros, quizás, pelearán por una plaza en la selección mayor. Mirad siempre un poco más adelante. No os conforméis. Disfrutad este dulce momento, pero no os relajéis. Si te relajas, "pierdes".

Más adelante aún hay muchos más sueños y posibilidades. Tantos como os propongáis. A cada uno de ellos los verás tomados de la mano de uno o más grandes retos que enfrentar. Si por casualidad alguno de aquellos sueños lo ves caminando solo, sin su reto a un lado, no le elijáis, cambiad de sueño. Sin retos de por medio no merecerá jamás la pena ni el esfuerzo, ni la recompensa, ni quien llegas a ser al conseguirlo. Y no temas a los errores. Renunciar a ellos es, en cierto modo, renunciar a tu éxito. Pues para acceder a este, deberás encontrar muchas maneras de cómo no hacerlo.

Quiero daros las gracias por coincidir en este momento, en este camino. Y manifestar mis respetos y orgullo a cada uno de vosotros. Deseo veros crecer en todos los ámbitos de vuestras vidas.

Sabéis que tendréis en mí siempre un amigo a quien acudir cuando lo consideréis oportuno o necesario, y compartir grandes momentos, pero también dificultades y retos donde creáis que os puedo ser de ayuda, pues en los retos se crece.

Del mismo modo tendréis, para siempre, una habitación en mi hogar, vuestro hogar. Allí podremos recordar, pasando de nuevo por el corazón, este y tantos otros recuerdos. Y podremos brindar muchas veces por los días que vendrán.

Seguid siendo **invencibles,** muchachos… siempre. Hasta el final de los finales.

## El tiempo es relativo

Ya lo decía Einstein. 80 000 horas de trabajo puede sonar casi a cadena perpetua. Y es que puede llegar a serlo.

Sin embargo, te invito a que hagas un pequeño ejercicio:

- Busca la calculadora en tu móvil.

- Ahora multiplica tu edad por 365 días. Ej: Si tienes 35 años, 365 x 35 = 12 775.

- Resta, a 27 375, el número que te haya salido. Ej: Si tienes 35 años, 27 375 -12 775 = 14 600.

Pues bien, el resultado —teniendo que cuenta que 27 375 días es la media de lo que una persona vive— es lo que te queda de vida aproximadamente, expresado en días. En nuestro ejemplo, 14 600 días para una persona de 35 años.

Cambia la perspectiva ¿verdad? Estamos aquí de paso. La vida es apenas un suspiro.

Te queda poco tiempo. ¿Qué vas a hacer con él?

Es urgente e importante que te respondas a esta pregunta y más aún que emprendas la acción.

Tengo la tremenda fortuna de aún no haber perdido a ninguno de mis seres queridos. Pero hace poco cumplí cuarenta años, y creo que el cambio de década me vino con una serie de toma de consciencia incorporada que realmente me ha dado mucho que pensar. Siempre he sido una persona reflexiva en cuanto al valor de la vida y demás, pero como que mi sensibilidad hacia ella se ha dimensionado de manera exponencial últimamente.

Como te decía, aún tengo a mi familia en este plano físico conmigo. Pero tuve dos momentos que me acercaron mucho a observar, y muy de cerca, lo frágil que es la vida.

El primero de esos momentos fue en una concentración con la selección mexicana de rugby de menores de diecinueve años. Íbamos a pasar veintiún días juntos en el centro deportivo olímpico mexicano concentrados antes de ir a competir a Estados Unidos.

Planeamos diferentes actividades para que los chicos, además de entrenar, pudieran tener otras actividades ajenas al rugby. Y si estas actividades tenían que ver con el hecho de aportar valor a sus vidas y que ellos pudieran sumar a la sociedad, mejor.

De entre todas las actividades, una fue la más potente a la par de hermosa. Pudimos conseguir el permiso para visitar un hospital de niños enfermos de cáncer. Así que allí fuimos los treinta jugadores y el cuerpo técnico una mañana de descanso en nuestra preparación, y pudimos emplear unas cuantas horas conviviendo y jugando con ellos.

Arrancar una sonrisa a un niño de cinco o seis años, o quizás de doce, a pesar de su enfermedad, te da mucho que pensar. Personitas que batallan día tras día por sobrevivir. Ángeles que desde su inocencia te enseñan con tan solo su dulce mirada el valor de la vida y toda su grandeza. Y a la vez, te muestran a gritos, a través de su capacidad de lucha, la fortuna que tienes de estar aún sano, fuerte y con vida por delante.

Si nunca has realizado este tipo de visitas al hospital, hazlo; te va a cambiar mucho tu perspectiva sobre la vida.

El segundo de esos momentos de acercamiento a la fragilidad de la vida me ocurrió hace ya unos años. Estábamos de regreso de un torneo de rugby desde San Miguel de Allende a la Ciudad de México. En el mismo coche viajábamos Francisco Echeguren, presidente de la Federación Mexicana de Rugby, su mujer Annie y yo. En otro coche detrás de nosotros venían los padres de Francisco y los hijos de este. Todo iba normal hasta que empezó a llover. La lluvia se tornó en diluvio. Caía tan fuerte que aún con el limpiaparabrisas en su máximo rendimiento, no podíamos ver qué ocurría a escasos metros por delante.

Francisco se cambió al carril izquierdo. Él y yo íbamos conversando delante. Annie iba atrás, medio dormida. Justo empezábamos a comentar la intensidad de la lluvia cuando vi, como si fuera a cámara lenta, cómo el cerro que teníamos a nuestra derecha empezaba a desplomarse. Se había acumulado muchísimo peso por la lluvia encima de este, además de hacerlo más frágil. Al ser la parte alta de aquel cerro de mayor tamaño que la base, no soportó todo el peso y se derrumbó. Recuerdo el cerro cayendo a la carretera y encima de los coches, a escasos metros a la derecha de nuestro vehículo. En décimas de segundos pensé: "Vamos a morir, no hay escapatoria". Parecía imposible sobrevivir a algo así.

Esas décimas de segundo viendo cómo iba cayendo el cerro y ese pensamiento en mi cabeza se me hicieron eternos. En medio de ese diálogo interno sonó el ensordecedor golpeo de las rocas contra el metal de los coches a nuestro lado y el impacto de estas contra la carretera. Y al instante, contra nosotros, contra mi puerta. "Ya está aquí", pensé. Y cerré los ojos.

El coche fue arrastrado por el golpe hasta la mediana de la carretera. El ruido era atronador. El techo del coche justo encima de donde yo estaba sentado se rajó y comenzó a entrar la lluvia. Segundos después el coche se detuvo. El agua seguía entrando. Afortunada y milagrosamente, los tres estábamos intactos.

No podíamos salir del coche. Mi puerta estaba bloqueada por las rocas, estas llegaban hasta la altura del cristal y no se podía abrir. Las puertas del otro lado daban contra la mediana. La parte delantera del coche estaba también repleta de rocas e impedían que pudiéramos avanzar.

Estábamos dentro de un coche destrozado rodeado de piedras, barro y una mediana.

Cuando miré a mi derecha vi, a escasos tres metros, un coche totalmente aplastado. Dudo que su altura fuera mayor de un metro. Las cinco personas que iban dentro habían fallecido. Detrás de este, otro coche tenía toda la parte delantera aplastada. Una mujer trataba de salir del mismo por el cristal de atrás, gritando, llorando, sin una pierna. Y así sucesivamente, varios coches más atrás lloraban la muerte de algún ser querido, inmersos en la histeria.

Todo eran gritos de angustia, llantos, lluvia, frío y miedo. Yo estaba aterrorizado pues aún tenía la sensación de que el cerro podría seguir cayendo, y quizás esta vez encima de nosotros, hasta que finalmente pudimos salir por el cristal de la puerta del conductor y comprobar que la familia de Francisco y Annie, aún dentro del coche de detrás del nuestro, estaban bien.

Y entonces la noche cayó entre el caos, luces, sirenas, la llegada de la policía, grúas y gente especializada con diferentes aparatos para poder cortar parte de los coches y sacar los cadáveres. Tengo todas esas imágenes grabadas a fuego lento en mi cerebro y en mi corazón.

Qué curiosa es la vida… y la muerte. Un par de metros más adelante, es decir, quizás un segundo de diferencia, y hubiéramos pasado sin problema aquel accidente continuando nuestro camino de regreso a casa. Pero también, quizás, si Francisco no hubiera cambiado de carril unos segundos antes, nuestro coche hubiera sido el aplastado y las tres personas que íbamos dentro hubiéramos muerto. En tan solo un instante se hubiera acabado todo.

El vehículo en el que viajamos fue el único diagnosticado como siniestro total, y que no reportó muertos.

Tras unas seis horas, pudimos irnos de allí una vez que las grúas consiguieron desalojar la carretera. Afortunadamente, el coche de atrás, donde iban los padres e hijos de Francisco, estaba en buenas condiciones.

A altas horas de la madrugada llegamos a la casa de unos conocidos de Francisco que vivían en un pueblo cerca de donde ocurrió aquella pesadilla. Tras comer algo, nos fuimos todos a descansar.

Cuando por fin me tumbé a solas, ya con la calma y el calor de un hogar, rompí a llorar. Me vinieron un sinfín de preguntas a la cabeza, como si estuviera en pleno juicio a cerca de lo que había sido mi vida. Una vida que se separó de la muerte por tan solo tres metros. Según los antiguos egipcios, cuando sus almas llegaban a la puerta del cielo, los dioses les hacían dos preguntas.

- ¿Has encontrado la felicidad en tu vida?
- ¿En tu vida has proporcionado la felicidad a otros?

Me sentí, por un momento, afortunado de saber que mi respuesta era que sí a ambas preguntas, al menos en parte. Creo que mi juicio ante aquellos dioses egipcios habría salido favorable para mí y me hubieran abierto las puertas del cielo.

Sin embargo, notaba un enorme vacío de tan solo pensar que a mis 34 años casi se me acababa el tiempo. Que se me iba la vida. Que por muy poco no vería ni abrazaría jamás a mis seres queridos. Que no podría volver a disfrutar de los pequeños placeres de la vida ni hacer todo aquello que me apasiona, nunca más.

Quiero aún más momentos de felicidad. Y quiero, por supuesto, proporcionar más felicidad a otros.

¿Qué es lo que quieres tú? Ambas cosas las podemos conseguir desarrollando al máximo todos nuestros talentos y contribuyendo al mundo a través de ellos, sumando a la vida de las personas, los equipos, las organizaciones y el mundo.

Amig@, te cuento esto para animarte a despertar si aún no lo has hecho. La vida es efímera, breve. Pero a su vez está repleta de oportunidades para hacer de ella algo memorable. No tires a la basura tu vida, lo que incluye tu paso por esas 80 000 horas de trabajo. Aunque suena a una infinidad, pasarán de largo mucho antes de lo que pensamos.

No llegues al final de tus días sabiendo que no fuiste realmente feliz ni en tu trabajo, ni como consecuencia en tu vida. Que desperdiciaste todos tus talentos y que pasaste por el mundo de manera insignificante.

Piénsalo: ¿cómo quieres caminar por esas 40 000, 60 000 u 80 000 horas de trabajo que tienes aún por delante?

Por supuesto que hay mucho aún por hacer por parte de las empresas, para facilitar entornos donde los empleados se encuentren más a gusto, más felices y por tanto alcancen mayor rendimiento.

Pero yo no quiero poner toda la responsabilidad sobre ellas. Y tampoco creo en las personas que actúan desde la reactividad y el victimismo.

Yo creo en esos jóvenes que deciden liderar sus vidas, haciéndose responsables de rediseñar su trabajo y generar su propia felicidad, encontrando un propósito en el mismo.

Creo en esos soñadores que se inspiran a diario en quienes quieren llegar a ser, y usan cada día su trabajo como un medio para conseguirlo, disfrutando cada jornada.

Creo en esas personas que actúan desde el compromiso total, progresando día a día, consiguiendo una microvictoria detrás de otra, poniendo su talento al servicio de otros, generando un gran impacto positivo en el mundo.

Creo en esos hombres y mujeres que apuestan por fortalecer sus relaciones laborales y consigo mismos, que abrazan la bandera del cambio y hacen su trabajo desde el amor y no desde el ego.

Creo en todas esas personas que quieren hacer de esas 80 000 horas de trabajo una experiencia digna de ser vivida.

Estás a tan solo una decisión de iniciar el camino. Comienza ya, el antídoto al miedo es la acción.

¡No te pierdas la vida!

Rediseña tu trabajo… ¡con un PAR!

**Sé invencible… Está en tus manos.**

# Bibliografía


— *Winning.* Clive Woodward

— *El líder que no tenía cargo.* Robin Sharma

— *El efecto compuesto.* Darren Hardy

— *Lo único.* Gary Keller & Jay Papasan

— *Vuélvete imparable.* Lain García Calvo

— *Coaching para el éxito.* Talane Miedaner

— *¡Vive tu sueño!* John C. Maxwell

— *El ABC de las relaciones.* John C. Maxwell

— *Los 88 peldaños del éxito.* Anxo Pérez

— *La sabiduría y el legado.* Stephen R.Covey

— *Resultados extraordinarios.* Bernardo Stamateas

— *Jugar con el corazón.* Xesco Espar

— *Maestría.* Robert Greene

— *The Quarter-Life Breakthrough.* Adam Smiley Poswolsky

— *Los líderes comen al final.* Simon Sinek

— *Máster de Emprendedores del Instituto Pensamiento Positivo.* Sergio Fernández

# Reseñas sobre el autor

*Es increíble la capacidad que tiene de motivar y de mover a las personas a hacer cosas extraordinarias.*

Ivette Chalela
Directora de Marketing de Waze Ads, Latinoamérica

*Líder de nacimiento. Sensible y sensato ante cualquier adversidad y muy humano. Capaz de brindar un consejo, de levantarte, de motivarte y ayudarte a encontrar sentido y dirección cualquiera que sea tu profesión o simplemente en tu vida cotidiana.*

Pascal Nadaud
Ex Capitán de la Selección Mexicana de Rugby

*Su empatía y profesionalidad viajan contigo a lo largo del camino, mis objetivos parecen suyos. El Coaching con Rubén parece magia… es como un iluminador de sombras, de caminos olvidados o temidos, la red de la caída, el perro del ciego. Llegas a ser capaz de bajar a la realidad tus sueños utópicos, y es que, somos capaces de todo si queremos y creemos en ello.*

Patricia García
Atleta Olímpica Río de Janeiro 2016.
Jurado de los Premios Princesa de Asturias

*"No solo domina su temática, sino que siente y vive todo lo que enseña. Consigue transmitir su energía, y nos ayuda a re enfocarnos para que encontremos la razón de ser y de hacer"*
Eduardo López González. Vice Presidente Honda México
Director de Manufactura, Planta Guadalajara (México)